蔡志忠作品

蔡志忠 編繪
Tsai Chih-chung

論語解密

Interpreting the Analects

目錄

序

得意忘言才能看出精髓

書，是作者與讀者的心靈橋梁。

看一本書，是閱讀作者的靈魂。

我一出生便受洗為天主教徒，一歲時，每天早上，六歲的二哥蔡高雄便天天抱著我到離家五百米的小教堂，跟村子裡十戶剛信仰天主教的二十幾位小朋友一起上道理班。經由葉舉老傳教士兩年多的口述，三歲半的我已經聽完大約一千個聖經故事，也會背誦好幾首經文。

由於聖經課本有很多插圖，教堂裡也有很多大力水手、米老鼠等彩色漫畫。在這種環境下，四歲半的我便立志要以畫畫作為終身職業，也養成愛看內容深邃、比較有內涵的哲學書籍。

由於幼年還不認字便上道理班，只能以圖像記憶聖經內容，因此我很早便學會圖像記憶、圖像思考的能力，也從很小便學會莊子「得魚忘筌、得兔忘蹄、得意忘言」的閱讀方式。

創作與心靈相通，只能以心靈閱讀。

讀一本書，別理會作者的語言，應用自己的心觸摸作者的心靈。

看書時我不太理會文字，只是一心專注通過作者的表達方式，直接揣摩作者的意圖，用這個方法很容易看穿每一本書的真正內涵。

我研究一門學問，畫每一本書，會花很長時間先研讀作者生平。畫諸子百家、佛學、禪宗思想之前，我會先考察老子、莊子、孔子、佛陀、開悟禪師的生平，由此更易於了解作者的心靈。

從佛陀生前在反對什麼，才清楚到底他在宣揚什麼？

從孔子一生的經歷，才知道到底他在追求什麼？

後來我出版了《漫畫中國經典系列》、《漫畫佛學思想》、《漫畫禪宗思想》、《東方宇宙三部曲》。

很多媒體朋友採訪時，常問我說：「你出版的書裡文字是你自己寫的嗎？有沒有人替你寫文字？」

我總是回說：「在創作過程中，思考內容最享受，畫漫畫完稿最累人。我為何要把享受的部分讓別人做，自己做最累人的部分？」

我喜歡孤獨，很享受孤寂，創作時更不想被他人干擾。

因此打從當漫畫家五十幾年來，我始終獨自一個人創作畫畫，從來沒有文字或美術助理。我所出版的每一本書，沒有任何一個字、一個標點符號不是我寫的；也沒有任何一個人物、一根線條不是我畫的。

書，是人留在世上的思想，像皇后的貞操，不容污染。

對於自己的作品，我像患有超級強迫症一樣的潔癖，不肯有絲毫不是我親自做的部分存在。

由於大半生研究哲學、佛學、禪宗思想，最近我開始寫《心經解密》、《論語解密》，接著也會陸續寫《莊子解密》、《禪宗解密》、《菜根譚解密》。

希望這本書不會誤導讀者，能幫助大家更了解至聖先師孔子的思想和《論語》到底在告訴我們什麼？希望我們怎麼做？

得魚忘筌
1
「筌」是用來捕魚的，
2
捉到魚以後，筌就可以捨棄了。
3
捕獸器是用來捉兔子的，
4
捉到兔子以後，捕獸器便可以捨棄了。
5
言語文字是用來傳達思想的，
道可道
非常道
名可名
非常名
6
意思已經傳達了以後，言語文字便可以捨棄了。
言語文字是過程，不是目的。太拘泥於言語文字，甚至窮經皓首，和「捨本逐末」又有什麼區別呢？

第 I 章

試說《論語》

《論語》可以說是中國被閱讀朗誦次數最多、最有名、最重要的一本書了。這是由孔門弟子和弟子的弟子，將孔子一生的言行整理出來的一本書。

《論語》全書二十章，五百一十二篇，一萬五千九百個字。

這一萬多個字，兩千多年來不曉得曾被唱頌過幾千億次？然而整部《論語》和孔子思想的核心到底是什麼？

孔子一生的思想，一以貫之就是「忠恕」兩字。

因此我們要真正了解孔子所說的忠恕到底是什麼意思？

否則只能引經據典，一知半解的知道孝、悌、忠、義、信、仁、禮，強求自己盡可能做到溫良恭儉讓，而沒有弄懂《論語》的真諦。

孔子思想的中心

整部《論語》，忠一共出現十八次。而恕卻用得最少，除了「夫子之道，忠恕而已矣」之外，恕只出現過一次，然而這個恕字卻是整部《論語》最重要的核心。

子貢問孔子說：「有一個字可以作為終身奉行的準則嗎？」

孔子說：「大概就是『恕』字吧！己所不欲，勿施於人。」

《孔子家語》也有一段相同的講法。

仲孫何忌問顏回說：「仁者說一個字，對仁德有好處，請問是哪個字？」

顏回說：「說一個字對仁德有好處，沒有比得上『恕』字的了。懂得什麼不該做，便懂得什麼是該做的了。」

由於孔子為「恕」做了註解，於是大家都認為恕是：己所不欲，勿施於人。

忠被狹義解釋為：忠於他人、忠於君主及國家、盡忠報國，臣民對君主和國家應盡的道德義務。其實這些剛好違反了忠的意思，中則內也。忠即是中之心，忠是內在，忠於做好分內的責任。

孔子所說的忠也不只是這個意思，恕也不只是「己所不欲勿施於人」這麼狹隘。

孔子說：「三軍可奪帥，匹夫不可奪志。」

一個人的志向決定一生的發展，孔子要求學生從小便要有志，通過學習，成為一個有用的社會中堅分子。

孔子說：「不學詩，無以言。不學禮，無以立。」一個學習有成的有志之士，對於如何克己復禮為仁的自我要求，實行得非常嚴謹。

綜觀整部《論語》，都是孔子教導我們為人處世之道，孔子教導學生忠、孝、仁、義、禮、智、信的基本法則，以達至修身、齊家、治國、平天下。

這個次第過程分內外兩方面：一面是對內如何扮演好自己的角色，修身、齊家。另一面是對外如何與別人相處，乃至治國、平天下。

忠、恕表現的情況和孝、義很像：

忠是對內，做自己要做到止於至善。
恕是對外，跟別人的互動相處之道。
孝是對內，對父母師長應盡的本分。
義是對外，跟別人相處應有的守則。

一以貫之

1
孔子說：「子貢啊，你以為我是學得多，才記得住的嗎？」
2
子貢說：「對啊！難道不是嗎？」
3
孔子說：「不是，我是一以貫之的。」

1
有一天，孔子在學堂對曾子說：「曾子啊！我平日所講的道理，可以一以貫之啊！」
吾道一以貫之
2
曾子說：「是啊！」
3
孔子出去以後，學生們問曾子說：「老師的話是什麼意思呢？」
4
曾子說：「老師的思想一以貫之，無非『忠恕』兩字而已。」

什麼是孔子一以貫之的忠恕之道？

齊景公問政於孔子。

孔子說：「君要像君、臣要像臣、父要像父、子要像子，各司其職，扮演好自己的角色。」

孔子又說：「不在其位，不謀其政。」

曾子也說：「君子考慮問題，從不超過自己的角色範圍。」

大家都知道，一個大臣想幹掉君主，自立為王，就是不忠。不忠就是：不在其位而謀其政，其實這只是忠的反面說詞。

忠就是：在其位謀其政。忠就是：君君，臣臣，父父，子子。

人的一生，從作為人子、人弟開始，隨著成長逐漸演變為人兄、人夫、人妻、人父、人母、人臣、人君，不同角色變化不已。

每個人在任何階段，應恰如其分地扮演好自己的角色，在其位謀其政，確實做好自己所擔任的職責，就是忠。

如果君不君、臣不臣、父不父、子不子，那麼君為臣綱，父為子綱，夫為妻綱的三綱和父子有親，君臣有義，夫婦有別，長幼有序，朋友有信的五倫就亂了。

什麼是忠？

忠就是在其位謀其政，不在其位不謀其政。恰如其分地扮演好自己的角色，做到止於至善，但不逾越自己的本分。

雲會飄、水會流、花會開、樹會長、筆能寫、時鐘會走，每個角色把自己扮演得恰如其分，就是忠。

一位部長，在工作崗位上他的確是部長。如果他只在領導面前扮演下屬，而在其他場合都裝著一副部長的姿態，飛機上是部長、路上是部長、餐廳裡是部長、家中客廳是部長，床上也是部長，那麼是逾越自己的角色，便是不忠。

其實在飛機上他是乘客、路上他是行人、餐廳他是吃飯的客人、家中客廳他是孩子的爹、床上他是太太的愛人，這樣才是忠。

什麼是恕？

我們做自己時已經做到止於至善，完美無缺，其實對方也是如此。忠是對內自我要求，恕則是對外跟別人相處之道。

什麼是恕？恕就是同理心，當我們跟別人相處時，要站在對方的立場思考。

猶太法典說：「沒有站在對方的立場，不能遽下判斷。」

這句箴語剛好正確描述了「恕」的真諦。

人與人相處之時，無論是朋友同輩，或兄弟、父子、夫妻、師生、長官屬下、君臣，面對不同意見時，無論上下大小老少尊卑，雙方都要站在對方的立場思考，為對方著想，待人接物表現出溫良恭儉讓的和諧準則，這就是「恕」。

恕不只是己所不欲，勿施於人。

恕不只是原諒別人。

恕是人與別人相處之道。

領導要站在下屬的角度思考，下屬要站在上司的角度思考，上下雙方同理心，推己及人，便能完美地和諧相處做事。

如果一個人做自己做到「忠」，跟別人相處達到「恕」，那麼就可以稱之為「仁」了，仁是最高道德準則。

與別人互動往來，禮是仁的外在表現形式，仁是禮的真實內涵。

孔子要求作為社會一分子，起碼要達到士的標準。但他對士的要求已經很高很高了。

行己有恥
子貢問：「如何才能稱之為士呢？」
孔子說：「做事時要知道禮義廉恥，出使外國要忠於自己的使命，便可以稱之為士了。」
子貢說：「請問，次一等的呢？」
孔子說：「宗族稱讚他孝順父母，鄉親們稱讚他尊敬兄長，宗族鄉親認可，不辱祖先。」
子貢說：「請問，再次一等的呢？」
孔子說：「言必有信，行必有果。
這只是固執己見的小人！算最下等的士了。」
子貢又說：「現在從政的那些人怎麼樣？」
孔子說：「唉！這些器量狹小的人，離士的標準太遠了，他們算什麼？」

什麼是仁？

《論語》提到最多次的字是仁，有五十七篇一百零八次提到仁。

剛毅木訥近仁、克己復禮為仁、孝弟為仁之本、泛愛眾而親仁、求仁得仁、仁以為己任、仁者不憂、以友輔仁、殺身以成仁、當仁不讓於師。

孔子說：「所謂仁，就是愛人，以親愛自己的親人最為重大。所謂義，就是適宜，以尊敬賢人最為重大。」

仁就是完全明白忠恕之後，為人處世的忠恕展現！孔子對仁的要求非常高，幾乎與聖人相提並論，連他自己都不敢以仁人自居。

孔子說：「如果說我是聖人或仁人，我怎麼敢當呢？不過倒是可以這樣說我：永不滿足自己的修養，教導別人從不感到疲倦。」

有學生說：「仲弓有仁德，但卻沒有口才。」

孔子說：「要口才幹什麼？善辯者常讓人討厭。我不知道仲弓是否有仁德，光有口才有什麼用呢？」

顏淵問仁。子曰：「克己復禮為仁。一日克己復禮，天下歸仁焉。為仁由己，而由人乎哉？」顏淵曰：「請問其目？」子曰：「非禮勿視，非禮勿聽，非禮勿言，非禮勿動。」顏淵曰：「回雖不敏，請事斯語矣！」
顏淵第十二—一
怎樣才能算是仁？
能夠克制自己的私欲循禮而行，這便是仁。
一個人能夠做到這種地步，天下的人就會稱讚他是個仁人了。
仁是從自己做出來的；並不是別人隨便給你的。
請問為仁的條目。
不合乎禮的不看；
不合乎禮的不聽；
不合乎禮的不說；
不合乎禮的不做。
我雖然稍魯鈍些，但我希望能遵照這些話去做。

仲弓問仁。子曰：「出門如見大賓，使民如承大祭。己所不欲，勿施於人。在邦無怨，在家無怨。」仲弓曰：「雍雖不敏，請事斯語矣！」

顏淵第十二—二

仲弓問，怎樣才能算是仁。
出門要像拜見貴賓一樣恭敬。
1

派用老百姓做事時，要像負責大祭一樣的鄭重。
2
自己所不喜歡的，不要加在別人的身上。
3
4
在諸侯的邦國做事毫無怨言，在卿、大夫家做事也無怨言。
我雖然魯鈍，但我希望能遵照這些話去努力。
5

孔子說仁

司馬牛問孔子：「什麼是仁？」

孔子說：「仁者說話謹慎。」

司馬牛說：「說話謹慎，這就可以稱仁了嗎？」

孔子說：「凡事做起來很困難，說起來能不謹慎嗎？」

有一次，孟武伯問孔子說：「子路做到了仁嗎？」

孔子說：「我不知道。」

孟武伯又問。

孔子說：「在擁有一千輛兵車的國家裡，可以讓子路管理軍事，但我不知道他是否做到了仁。」

孟武伯又問：「冉求這個人如何？」

孔子說：「在千戶邑地或百輛兵車之家，可以讓冉求當個總管，但我也不知道他是否做到了仁。」

孟武伯又問：「公西赤又如何？」

孔子說：「可以讓公西赤穿著禮服，在朝廷接待貴賓，但我也不知道他是否做到了仁。」

子張問：「孔文子三次做宰相沒感到高興；三次被免職也沒感到委屈。卸任前總是認真辦理交接事宜，這個人怎麼樣呢？」

孔子說：「算是忠啊！」

子張問：「算仁嗎？」

孔子說：「他不知仁，哪來仁？」

子張又問：「崔子殺了齊莊公，陳文子拋棄家產逃到鄰國，他說：『這國的大夫同崔子一樣。』又逃到另一國，他又說：『他們同崔子一樣。』於是又逃走。這樣呢？」

孔子說：「算是清明啊！」

子張問：「算仁嗎？」

孔子說：「他不知仁，哪來仁？」

子張問：「怎麼樣才算仁呢？」

孔子說：「能在天下推行五種品德，就是仁了。」

子張問：「哪五種品德？」

孔子說：「恭敬、寬厚、誠信、勤敏、慈惠。」

子張問：「為何這五種品德是仁？」

孔子說：「恭敬則不致遭受侮辱，寬厚則會得到眾人擁護，誠信則能獲得別人任用，勤敏則會提高工作效率，慈惠則能使喚別人。」

孔子教導學生為人處世之道，如果達到「仁」的境界，便達到孔子的最高要求。

孔子說：仁者安仁，智者利仁。

智者不惑，仁者不憂，勇者不懼。

智者樂水，仁者樂山；

智者動，仁者靜；

智者樂，仁者壽。

孔子把智者與仁者相提並論，智者的最高境界是「開悟者」，仁者的最高境界即是「聖人」。

聖人修養到達極致，為人處世已達最高境界，無論他做什麼，都能從心所欲不踰矩。

孔子一生修養自己，直到七十歲時，終於達到任何言行不必去想，隨心所欲都不會做錯的聖人了。

以上，就是孔子所說

「吾道一以貫之，無非忠恕兩字而已」的真諦。

如何將忠恕之道融入生活？

我們在社會上與人相處，如何具體做到仁？發揮孔子所說的忠恕精神？《韓非子》裡有一則故事：

周文王攻打崇國，到了鳳黃墟，鞋帶鬆了，自己彎腰綁鞋帶。

太公望說：「為何你要自己綁鞋帶？」

文王說：「國君和人相處時，把上等人看成老師，把中等人看成朋友，把下等人看成僕人。現在我身邊都是先父的大臣，所以沒有誰可以使喚。」

將忠恕之道融入於生活中就是：確實做好自己的本分，然後把上司當成老師，把同事當成上司，把下屬當成同事。無論自己處於任何級別崗位，都能與人和諧融洽，而沒有敵人。

有人喜歡仁，有人喜歡智，見仁見智。

如果我們真能做到孔子所說的忠恕，達到仁人的境界，那麼便能達到：「七十而從心所欲不踰矩。」這時你便是個聰明的智者，也是一位人人稱頌的仁者。

何事於仁
必也聖乎

子貢說：「如果有人能施惠百姓，又能扶貧濟眾，可以算是仁人嗎？」
孔子說：「這豈止是仁人，簡直是聖人了！
恐怕連堯舜都做不到呢！
所謂仁人，自己能達成時先幫別人達成，
自己能得到時先幫別人得到。
推己及人，是實行仁的方法。」

吾十有五而志於學；三十而立；四十而不惑；五十而知天命；六十而耳順；七十而從心所欲，不踰矩。
為政第二—四
我十五歲時，便立志向學；
到了三十歲，就已經能夠堅守所學，毫不動搖了。
到四十歲，對處理事情和了解道理，已經沒有不明白的地方了。
五十歲時能夠知天命，因而能不怨天、不尤人。
到六十歲，只要聽到別人一講話，便能判斷這話的是或非，這人的人品如何。
到了七十歲時，無論一言一行，不必去想，一切都不會做錯。

第2章

孔子的一生

春秋末年，中國出現一位偉大的思想家，影響整個中國文化與教育制度，開創東方儒家思想，《論語》便是記載他的言行思想，他就是——至聖先師「孔子」。

魯襄公二十二年九月二十八日孔子誕生於魯國昌平鄉陬邑。孔子出生時，魯國建國已經將近三百年了。

父親孔叔梁紇，是魯國出名的勇士，身長十尺，武力絕倫，曾擔任陬邑大夫。

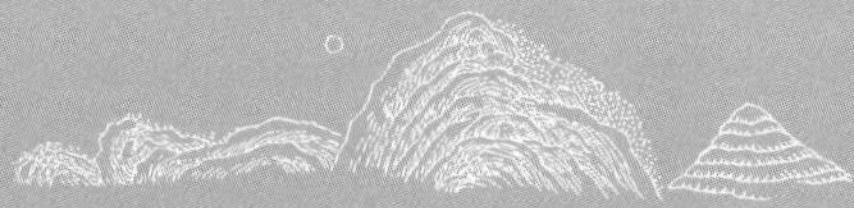

元配生九個女兒，妾雖生一個兒子孟皮，可惜腿部殘障。六十四歲以後，又娶顏徵在，據說顏氏是顏回的親族。

孔叔梁紇與顏氏夫婦兩人到尼丘山向神明禱告之後才生了孔子。

身世

孔子剛出生時，頭頂凹陷，因此取名為丘，字仲尼。孔子三歲時，父親就死了。孔母顏徵在帶著孔子從陬邑移居曲阜闕里，生活艱難。

魯國開國君主是周公的兒子伯禽，周武王滅殷之後，把少昊之墟封給了周公，國號為魯。周公因為輔助成王沒有前往封地，於是讓嫡子伯禽前往封地就國。

伯禽把曲阜作為魯國都城，依周朝制度習俗來治理。為了去除當地舊習俗，伯禽花了

三年才完成初步穩定。

魯國的鄰國齊是姜子牙的封地，他以營丘作為齊國首都，因應當地風俗，簡化周朝制度禮節。發展工商業，利用當地漁鹽之利，人口大增，只花五個月便穩定下來。

當時周公認為魯國將來會不如齊國，因為政策不如齊國方便近人。由於周公幫助周朝建國與統治功勞很大，周公死後，成王把周公葬在文王下葬之處追隨文王，以示不敢把周公視為臣子。

成王並下令讓魯國擁有郊祭文王的資格，可以奏天子禮樂。因此魯國成為周禮保存、實施的禮樂之國，世人稱「周之最親莫如魯，周禮盡在魯矣」。

伯禽在位四十多年，堅持使用周禮治理魯國，加上成王賦予魯國郊祭文王、奏天子禮樂的資格，魯國因此在立國之初就奠定了豐厚的周文化基礎。

早年生活

魯國的禮樂傳統，對社會產生巨大影響。孔子五六歲時，曾看過一次郊祭會，從此他玩遊戲時常擺各種祭器，學大人祭祀的禮儀動作，扮演主祭的模樣。

孔子的祖先本是宋國貴族，曾在宋國宮廷職司上卿，後來因政治迫害而遷到魯國，到了孔子這一代時，家道已經沒落。由於父親曾當過陬邑大夫，所以孔子有資格進鄉學讀書。

孔子十七歲時，母親過世了，十九歲時，娶宋之并官氏為妻，第二年生下伯魚。伯魚出生時，魯昭公贈送一條鯉魚給孔子。

孔子得國君賞賜感到很榮耀，所以給兒子取名鯉，字伯魚。也因此後來演變成「孔門不食鯉」的習俗。

孔子從很小便很好學，尤其是對周文王時代的西周禮制特別感興趣。孔子年輕時，東夷小國郯國國君郯子，前來朝拜魯國。孔子知道郯子對黃帝堯舜的文化非常了解，便設法進見郯子，向他學習古代官制。

孔子說：「一個東夷小國竟然文化那麼深厚，我聽說天子喪失官學，學問存於四夷諸侯。這話真實可信。」

出離齊國

孔子年輕時，便以學問廣博聞名於世。魯昭公二十年，齊景公與晏子在齊魯邊境打獵，順便來到魯國，齊景公也曾問政於孔子。

孔子很喜歡音樂，二十九歲時，跟音樂大師師襄子學琴。

三十四歲時，孔子曾到周京洛邑參訪，學習西周文化禮儀，並跟音樂大師萇弘學樂，跟大哲學家老子學禮。

孔子回國之後，便成立私人學堂廣收學生，以禮樂之學教授學生。

魯昭公二十五年，孔子三十五歲時，魯國發生內亂。昭公率師攻擊季平子，季平子與孟氏、叔孫氏三家聯合攻打昭公，昭公兵敗逃到齊國。

孔子在這一年也到齊國，受到齊景公賞識，齊景公準備把尼谿一帶的田地封給孔子，但被宰相晏子阻止。孔子只好回到魯國繼續教學。

講學之始

孔子四十二歲時，魯昭公死在國外，魯定公當政，但魯國政權還是控制在三桓季氏手中。

一百多年前，魯桓公有四個兒子，嫡長子繼承君主成為魯國第十六任國君魯莊公；庶長子慶父、庶次子叔牙、嫡次子季友被封為卿，後代便形成三個大家族。由於孟氏、叔孫氏、季氏三家都出自魯桓公，所以稱為「三桓」。

孔子說：「魯國喪失實權已經五代，政權落到三桓之手已經四代了。」

掌握魯國實權的三個家族在祭祖儀式結束時，唱著天子祭祖時所用的詩歌。

孔子看不慣這種君不君臣不臣，禮崩樂壞的局面，孔子不願意當官，退休在家，專心研究整理《詩》、《書》、《禮》、《樂》，而學生也越來越多了。

是可忍，孰不可忍
1
季康子以天子八佾之舞在庭院中舞蹈，
2
如果這樣的事都能忍，還有什麼事不能忍？

三家之堂

1
掌握魯國實權的三個家族在祭祖儀式結束時，唱著天子祭祖時所用的詩歌。

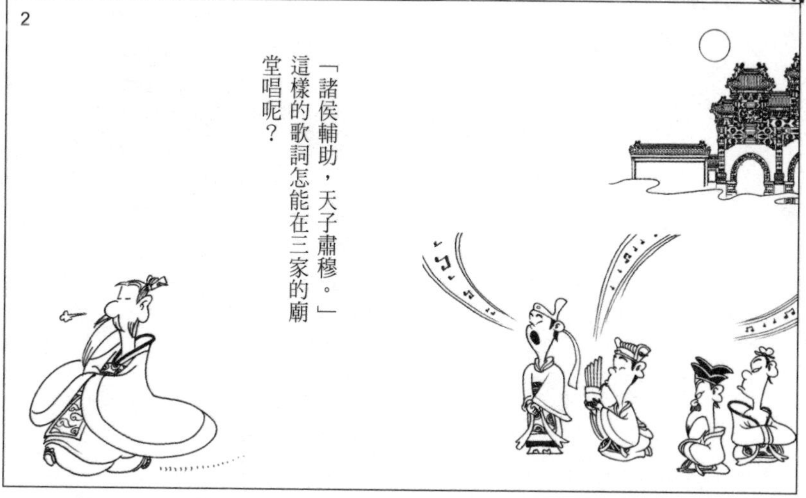
2
「諸侯輔助，天子肅穆。」這樣的歌詞怎能在三家的廟堂唱呢？

初事魯國

孔子五十一歲步入仕途，擔任魯國中都宰。由於孔子正確的施政，中都大治，呈現繁榮景象，路不拾遺，夜不閉戶，男女有別，物不虛價，魯國各地都紛紛效仿中都的政策。

魯定公十年夏天，定公欲與齊國修好，孔子隨定公與齊侯相會於夾谷。

由於孔子事先有所準備，不僅使齊國劫持定公的陰謀未能得逞，還迫使齊國答應歸還侵佔魯國的鄆、讙、龜陰等土地。孔子也因此獲得魯定公重用升任司空、大司寇並兼任國相，主掌魯國國政。執政的第七天，便殺了亂政大夫少正卯。

孔子為恢復公室大權，決定「墮三都」，逐步消除三桓勢力。費邑、郈邑、成邑三都是三桓的私邑領地。費邑是季氏的封地，郈邑是叔孫氏的封地，由於郈邑與費邑曾多次叛亂反抗朝廷，季氏與叔孫氏為削弱家臣勢力，都支持孔子的主張。

叔孫先把郈邑的城牆拆了，季桓子派臣子率兵毀掉自己的費城。但孟孫氏的家臣公斂處父，反對拆毀孟家領地成邑的城牆，孟氏也在暗中支持。魯定公親自發兵討伐，但無法攻下。齊軍出兵到邊境支援孟氏，迫使魯君退兵。

魯定公十三年，自從孔子任國相後，齊國擔心魯國強大後會威脅齊國。齊國大夫黎鉏為阻止孔子當政，便挑選齊國美女八十人，駿馬一百二十匹，送給魯君。

魯定公與季桓子果然沉迷其間，日益荒淫，有時三天都不上朝聽政，同時也不再信用孔子。春祭大典分祭肉給大夫，在季桓子授意下，獨獨不給孔子家送祭肉。

孔子非常失望，便帶領弟子顏回、子路、仲弓、冉求等數十人離開魯國，從此孔子開始了周遊列國生涯，尋求推展自己的政治理念。

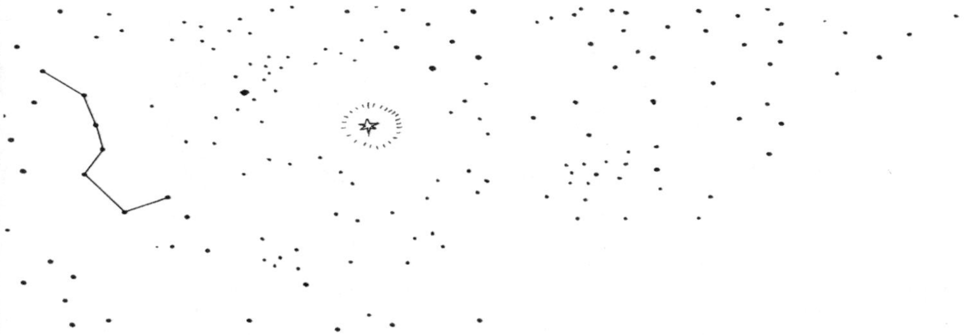

周遊列國

這段流離諸侯各國期間，經歷了楚國包圍蔡國，晉楚兩國爭強，吳國侵犯陳國等很多次戰爭，生活十分不穩定。孔子師徒一行人曾到過宋國、楚國，但大都於衛國與陳國、蔡國之間反覆來回。

數度借居子路的妻兄顏濁鄒、衛國大夫蘧伯玉、陳國大夫司城貞子家中。並在借居處附設學堂教學，收了很多學生。

孔子見過很多君主，也數度晉見衛靈公，雖然有很多位諸侯君主問政於孔子，但孔子的仕途並沒有獲得進展。

十四年期間，孔子曾在匡地遭遇匡人包圍之難，在宋國受到宋司馬桓魋伐樹驅趕之辱，在陳蔡之間受斷糧七日之困，途經蒲地遭遇衛叛軍阻攔等四次重大危難。

由於孔子一路不得志，也曾遭受衛國扛草筐者、隱者長沮、桀溺和楚國狂人接輿、魯國隱士微生畝等人嘲諷。

魯哀公十一年，季桓子早已過世，魯國執政大夫季康子派人攜帶禮物請孔子回國，於是孔子結束長達十四年的顛沛流離的生活，回到魯國，這一年孔子六十八歲。

晚年歸魯

孔子歸國以後，魯哀公與季康子雖常向孔子問政，但還是不重用孔子。孔子也不再要求出來做官了，僅以「國老」家居，繼續刪《詩》、《書》、訂《禮》、《樂》、贊《周易》、修《春秋》。平時則在洙水泗水之濱講習，傳授門人禮樂。

魯哀公十六年孔子受到孔鯉、顏回、子路接連死去的一系列打擊，孔子知道自己時日已經不多了。

這年孟春四月，孔子早晨起來，背著手，拖著枴杖吟唱：「泰山就這樣崩壞嗎？樑柱就這樣摧折嗎？哲人就這樣凋謝嗎？天下失去常道已經很久了，世人都不能遵循我的治國理想。」

七天後，孔子便過世了。

孔子死後，埋葬在魯國都城以北的泗河邊上，弟子守墳三年，並在墓地附近栽植松柏和各種珍木，以寄託哀思。

高山仰止，景行行止

三年服滿，大家相互告別時，又相對而泣。只有子貢在墓側結廬，又守墓三年才離去。以後，孔子的弟子和魯國人在此安家的有一百多戶，就把這裡命名為「孔里」。

由於當時各國諸侯君主對人才的強烈需求，有才學的弟子們也分散到各地傳播孔子之道。樊遲、閔子騫和宓子賤到棠地辦學，傳道於濟水一帶。

被後世稱為「傳經」之儒的子夏，也應魏文侯招聘，承擔教育魏國子弟的責任。

而被後世稱為「傳道」之儒的曾子，則留下來，致力於孔學傳授。曾子就利用這個環境，聚集了魯國的年輕人，從事儒學的傳布工作。

曾子和子游、子夏在對孔子學說的傳承有所不同。子游、子夏這一派著重在形式的儀禮和實際的政務。而曾子所重視的，卻是孔子學說中人類自覺精神的忠恕誠信之德。

曾子所傳的孔子之道，由孔子的孫子子思傳承接續，子思死後，再由子思的門人傳給孟子。孔子的思想通過弟子們一代代地傳承，傳到我們今天，影響中國兩千多年。

高山仰止，景行行止。雖不能至，然心嚮往之。

太史公司馬遷說：「《詩經》說：『像高山一樣讓人景仰，像大道一樣讓人遵循。』雖然我無法達到這種境界，但內心卻非常嚮往。我讀孔子的著作，可以想像他的為人。」

第3章

懷才不遇的孔子

孔子周遊列國十四年，推展他的治國理念卻不受重用，主要有兩個原因：

第一個原因是：各國當權者害怕孔子的到來，會影響他們的既得利益，孔子想到列國執政，可能取代他們原本的政策與地位，無異是與狐謀皮、與羊謀肉一樣不易。

第二個原因是：孔子極為崇拜堯舜，意圖恢復五百多年前文王、周公以禮教化人民的治國理念。

孔子想復興周禮，儒家繁瑣的禮儀與當時各國與時俱進的當世之政相牴觸。

孔子周遊列國不受重視的原因

其實各國早在孔子周遊列國的一百多年前，都已紛紛尋求創新改革的強國富民政策。

例如：齊桓公任用管仲為相，管仲具有「以百姓為天、以人為本」的民主思想，他實施一系列政經改革，包括對生產、分配、交易、消費、財政系統、統一貨幣、外貿經濟調控等措施，發展漁業、鹽業，鼓勵與境外的貿易，他秉政三年，齊國經濟開始繁榮起來，使齊國成為春秋時代的第一個霸主。

緊接著又有晉文公、秦穆公、楚莊王等也任用吳起、百里奚、蹇叔等賢臣猛將實施政經改革，陸續成為春秋末年的霸主。

孔子年少時，鄭國君主鄭簡公命子產為相，子產提出「以寬服民、以猛服民」的寬猛並濟策略。

「寬」即道德教化；「猛」即嚴刑峻法。接著子產又「鑄刑書」，把自己所制定的刑書鑄在鼎器上，開創公布成文法律的先例，鄭國因而大治。

孔子想恢復五百年前周禮治國的想法，與當時各國的理念相牴觸，孔子說：「上天運行四時、化育萬民，無聲也無味。」才是為政的最高境界！

大哉堯之為君也
1
孔子說：「真偉大！堯這樣的君主多麼崇高！
2
有如天一樣的高大。他的恩德無法形容！
3
百姓不知道該用什麼語言來稱譽他。
4
他的功績萬古流芳！他所制定的禮儀光輝燦爛！」

1
述而不作，
信而好古，
竊比於我老彭。
述而第七—一
傳述舊聞而不創作，
2
篤信堯、舜、禹、湯、文、武的道理，而喜歡古時的文化，
3
私下效法商朝的賢大夫老、彭。

視子猶蚤蝨

有一次，宋國大夫子圉引薦孔子去見宋國太宰。

孔子拜見後，太宰問：「您是聖人嗎？」

孔子說：「聖人我不敢當，我只是個博學多識的人。」

宋國太宰又問：「夏禹、商湯、周武王，三王是聖人嗎？」

孔子說：「三王善於任用聰明勇敢的人，至於是不是聖人我不知道。」

太宰又問：「黃帝、顓頊、帝嚳、堯帝、舜帝，五帝是聖人嗎？」

孔子說：「五帝善於任用講仁義的人，五帝是不是聖人我不知道。」

太宰又問：「女媧、伏羲、神農，三皇是聖人嗎？」

孔子說：「三皇善於任用依靠時勢的人，至於三皇算不算是聖人我不知道。」

太宰聽後大驚道：「既然如此，那麼誰算聖人？」

孔子說：「西方有個聖人，不治理社會也不亂，不多話民風更真誠，不教化歷史自發展，其德浩蕩於天地之間，百姓無法稱頌美名。我懷疑他可能就是聖人。」

孔子拜退之後，太宰感嘆地說：「孔丘是位聖人啊。」

孔子與太宰會面相談出來之後，子圉進去問太宰說：「孔子怎麼樣？」

太宰說：「我見了孔子，因此再看你，就覺得你像跳蚤那麼渺小。我現在要推薦他去見國君。」

子圉怕孔子被國君看中，就對太宰說：「國君見到孔子後，也會把您看成跳蚤那麼渺小。」

太宰說：「嗯，的確如此。」宋國太宰因而不肯推薦孔子見國君。

匡人圍困

孔子離開衛國經過匡邑，匡人誤以為陽貨真的又來了，陽貨曾欺虐匡人，孔子又長得很像陽貨，匡人就把孔子一行人圍困起來。

孔子說：「周文王已經死了，文化不就在我這兒嗎？如果天意要毀掉文化，我死了，後人便不能了解文化了。如果天意不想毀掉文化，匡人又能把我怎麼樣呢？」

子路大怒，舉起戟要與匡人戰鬥，孔子制止子路。他說：「哪有修仁義而不原諒世俗之惡呢？不研究詩書，不學習禮樂，是我的過錯。如果把傳述先王，愛好古代美德當成罪惡，就不是我罪過。這大概是命吧！」

孔子自命繼承堯舜之道，以文王、武王為典範。主張為政以德，用道德和禮制治理國家。以道德感化人民，嚴格遵守君臣、父子、貴賤尊卑等級的區別。

孔子周遊列國時，所提出的政治理念是恢復堯舜時代以道德禮制治國，不符合春秋末年的政治潮流，所以才四處受挫。

子畏於匡

1
禮
周文王已經死了，文化不就在我這兒嗎？
2
如果天意要毀掉文化，我死了，後人便不能了解文化了。
3
如果天意不想毀掉文化，匡人又能把我怎麼樣呢？

桓魋斬樹

宋景公與孔子原本同宗同族，宋景公想聘請他到宋國，準備重用孔子。宋國司馬桓魋生怕孔子來了之後，會取代他的地位。

桓魋對宋景公說：「孔丘在魯為大司寇，卻辭官出走，可見他的野心不小。孔子師徒不速而自來，狼子野心豈不昭然若揭？」

宋景公說：「孔子是當今聖人，哪會做犯上作亂之事？」

桓魋說：「不，請孔子入宋，無異於引狼入室。」

桓魋竟然不經宋景公同意，帶領人馬到邊境圍困孔子。

桓魋高喊：「孔丘！快給我滾開！再不走的話下場有如此樹！」

說罷劍一揮，頃刻大樹轟然倒下。

弟子說：「老師，我們快走吧。」

孔子說：「上天既賦予我道德使命，桓魋又能把我怎樣？」

弟子說：「老師，形勢比人強，我們走吧。」

孔子與弟子們一行，便匆匆離開宋國邊境，前往陳國。

被困陳蔡

又有一次，楚昭王聽說孔子住在蔡國，便派使者前來願意給夫子七百里封地，邀請孔子到楚國都城負函。

楚國令尹子西阻止說：「大王的使臣，有子貢這種人嗎？」

楚昭王說：「沒有。」

子西又問：「大王的輔佐大臣，有顏回這種人嗎？」

楚昭王說：「沒有。」

子西又問：「大王的將帥，有子路這種人嗎？」

楚昭王說：「沒有。」

子西問：「大王的官員，有宰予這種人嗎？」

楚昭王說：「沒有。」

子西接著說：「楚國祖先受周天子分封，封號子爵，封地與男爵相等，方圓五十里。」

子西說：「現在孔丘講述三皇五帝的治國方法，依周公旦、召公奭輔佐周天子之業，如果大王任用他，那麼楚國還能世代保有幾千里方圓土地嗎？」

楚昭王說：「不能。」

子西說：「想當年文王在豐邑、武王在鎬京，以百里之君而統治天下。如果讓孔丘擁有七百里封地，加上那些有才能的弟子輔佐，絕非楚國之福啊！」

楚昭王聽了，便打消原意。

陳國、蔡國的大夫聽到孔子受聘楚國的消息，相互商議說：「孔子是位賢者，他所批評的都切中諸侯弊病。如果孔子被楚國重用，那麼我們陳蔡兩國的大夫就危險了。」

於是派兵阻攔，不讓孔子前往楚國，孔子竟被困在陳、蔡之間，斷糧七天，也無法和外面取得聯繫，連粗劣食物也沒得吃，隨行弟子們各個都餓病了。

晏嬰沮封

魯昭公二十五年，孔子三十五歲時第一次到齊國，齊景公非常欣賞孔子。

有一天，齊景公對晏子說：「我想把尼谿的田封給孔子。」

晏子說：「儒者都能言善道，態度高傲很難駕馭，崇尚喪禮浪費財產厚葬死人，不可將這形成習俗；他們不事生產，只是到處遊說求職，這種人不能來掌理國事。」

齊景公說：「好吧，就不用他罷。」

此後齊景公雖然很禮貌地接見孔子，但不再問攸關於禮的問題了。

孔子說：「愚昧卻喜歡自以為是，卑賤卻喜歡獨斷專行。生在現今，卻一心想恢復古代之道。這樣的人，災禍一定會降臨自己身上。」

《中庸》這本書中，孔子所說的這句話，剛好印證了自己的命運。

《第二十八章》

子曰：「愚而好自用，賤而好自專，生乎今之世，反古之道；如此者，災及其身者也。」

孔子說：
愚笨的人偏要自以為是；
我的意見最好。
卑賤的人偏愛自作主張；
生在現今的時代，偏要恢復古代的做法；
古人古事
這樣的人，一定會禍及本身。

第4章

孔子的偉大成就

如果孔子的政治理念，獲得列國某一君主的支持，那麼他一生的成就充其量也只會跟管仲、子產媲美而已。

由於政治上的不得意，卻因禍得福，迫使他將大部分時間用在教育上。

孔子失之東隅，收之桑榆，使他成為有史以來最偉大的教育家、大思想家和世界十大文化名人之首。

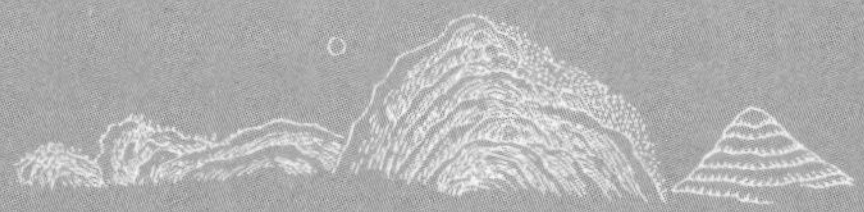

太史公司馬遷說：「自古以來，天下君王、賢人也夠多的了，活著時榮耀顯貴，死了之後什麼也沒了。孔子以一介布衣傳世十多世代，學者們無不以孔子為宗師，天子王侯、全國談及六藝的人，都把孔子學說用來作為最高準則。孔子真可算是至高無上的聖人了！」

孔子的教育理念

孔子最偉大的成就是打破了教育壟斷，主張不分貴賤國界，只要有心向學，任何平民都能入學受教，開創了教育普及的先驅。

孔子從三十歲左右，便辦私塾廣招學生，周遊列國時，也在衛國與陳蔡等地創辦學堂教導學生。最終返回魯國，於洙水泗水之間專心執教。

孔子學而不厭，誨人不倦，加上他思想開通、有教無類、不憤不啟、不悱不發、舉一而反三等正確的教育理念，培養出德行、言語、政事、文學等多方面的人才。教導出來的弟子多達三千人，其中賢人七十二人，使他成為人人稱頌的天之木鐸。

孔子主張「學而優則仕」，學習還有餘力，就去當官，他的學生中有很多成為各國高官，為儒家思想延續輝煌。

孔子的弟子們

子夏問孔子說：「顏回如何？」
孔子說：「顏回比我誠信。」
子夏問：「子貢如何？」
孔子說：「子貢比我聰敏。」
子夏問：「子路如何？」
孔子說：「子路比我勇敢。」
子夏問：「子張如何？」
孔子說：「子張比我莊重。」
子夏離開座位問道：「他們四人為何還拜您為師呢？」
孔子說：「坐下來，我告訴你。顏回誠信卻不能失信，子貢聰敏卻不能委曲求全，子路勇敢卻不能怯弱，子張莊重卻不能和別人打成一片。把四個人的優點跟我交換，我也不肯。這就是他們拜我為師的原因。」

子曰：「弟子入則孝，出則弟，謹而信，泛愛眾，而親仁。行有餘力，則以學文。」
學而第一—六
1
孔子說：做一個學生在家要孝順父母；
2
出外應當要恭敬尊長；
3
做事謹慎而說話誠信；
4
更要博愛眾人而親近有仁德的人。
5
在實行這些德行以外，還要努力用功讀書。

孔子論忠孝

魯哀公問孔子說：「臣從君命是忠嗎？子從父命是孝嗎？」

問了三次，孔子不回答。

孔子小步快走而出，問子貢說：「剛才，國君問我：『臣從君命是忠嗎？子從父命是孝嗎？』問了三次而我不回答，你認為怎樣？」

子貢說：「臣從君命是忠，子從父命是孝。不對嗎？」

孔子說：「賜啊，你很淺薄！萬乘之國，有七位直言敢諫大臣，君王就不會有過錯。父親有直言的兒子，就不會陷入無禮。」

孔子說：「所以臣子一味服從君主怎會是忠呢？兒子一味服從父親怎會是孝呢？」

子貢說：「是的。」

孔子說：「明白該服從的才服從這才是忠，弄清楚了聽從的是什麼才是孝。」

子貢說：「是的，老師。」

孔子的教育目的是要培養從政的君子，而君子必須具有崇高的道德品格修養，強調教育須將道德置於首要，他教導學生「孝、悌、忠、信、禮、義、廉、恥」人生八德。

孔子非常重視學習，他要求學生「入則孝，出則弟，謹而信，泛愛眾，而親仁。行有餘力，則以學文」。

他培養學生孝、悌、忠、信、義的德行成為君子，然後到社會上做事。但孔子所說的忠孝不是不分是非黑白的愚忠、愚孝。

曾子問孝

曾子和他的父親曾皙都是孔子的弟子。有一次，曾子在瓜田除草，不小心斬斷了瓜根。曾皙很生氣，拿棍子打他的背。曾子倒在瓜田不省人事，過了一會兒才甦醒。

他高興地站起來對曾皙說：「剛才我得罪父親，您用杖來教育我，有沒有受傷？」曾子回到屋內彈琴唱歌，想讓曾皙知道自己身體無恙。

孔子聽了這事，生氣地告訴守門學生說：「別讓曾子進來見我。」曾子自以為自己無過，向孔子請求拜見。

孔子說：「你不曾聽過嗎？從前瞽瞍有個兒子叫舜，舜服侍父親時，父親叫他，他不在旁邊，瞽瞍想殺掉舜，卻從未曾找到。父親用小棍打他，他乖乖挨打。用大棍打他，他就逃走。所以瞽瞍沒犯下罪責，舜也沒喪失孝道。」

孔子說：「今天你的父親大發雷霆，你寧可被父親打死也不逃避，萬一真被一棍打死，則陷父親於不義，有哪種行為比這更不孝的呢？你不是天子之民。殺害天子之民，有哪種罪能比這種罪更大呢？」

曾子聽聞之後說：「我的罪過真大啊！」

孔子認為不分是非的愚孝不是孝，而是不孝。父母有錯要好言相勸，且敬之不違，聽不進時要尊重他們，要任勞而無怨。父母的年齡不可不記掛在心裡，一則為他們長壽而喜，一則為他們的年高而憂。

子夏曾問：「如何才算盡孝？」

孔子說：「侍奉父母，難於長期保持和顏悅色。有事弟子服其勞，有酒食先生饌；這樣就是孝吧？」

父母在，不遠遊；遊必有方。
里仁第四—十九
父母在世時，不可外出遠遊；
如果不得已要外出遠遊，應將去向告訴父母，以免父母憂心。

子路問孝

子路說：「貧窮真令人傷心啊！父母在世時無可供養，去世後，又無能辦好喪事。」

孔子說：「儘管粗茶淡飯，只要能讓父母高興就是盡孝。死後只要衣衾能掩藏屍體，殮罷立即就葬，只要依財力，有棺無槨都合乎喪禮的要求了。」

子路向孔子說：「負重物走在漫長路上，就不會挑剔休息地方的好壞；家庭貧窮，父母年老，就不會計較待遇多少。我侍奉雙親時，吃粗劣食物，為了父母親，到百里之外背米回來。」

孔子說：「是啊，你做得很好。」

子路說：「父母去世後，我當官，跟隨的車子多達百輛，積糧萬鍾，疊餌而坐，鼎鍋有豐盛食物。這時即使我想吃粗劣食物，替雙親背米，已不可能。魚乾繫在細繩上，哪能不被蟲吃？雙親的壽命，短如白馬過隙。」

孔子說：「侍奉父母，活著時竭盡全力，死之後傾盡思念，這就是孝。」

子游問孝。子曰：「今之孝者，是謂能養。至於犬馬，皆能有養；不敬，何以別乎？」

為政第二—七

1
子游問孝道，孔子說：
現在一般人所謂的孝，只知能供養父母就算孝了；

2
但人們也養犬馬……
3
如果只養而不敬，則養父母跟養犬馬還有什麼不同？

孔子論學習

孔子提倡有教無類，人人都應該受教育。創辦私學，廣收學生，把受教育擴大到平民，順應當時社會發展趨勢，他要求學生要努力學習。

孔子說：「性相近也，習相遠也。」他認為人的本性原本相似，由於教育和生活環境使每個人的差異越來越顯著。

孔子教學很活潑，他教導學生不要死讀書，要思考，要自發性學習。

孔子說：

知道學習不如喜歡學習，喜歡學習不如以學習為樂。

光讀書而不思考，則會迷糊；

光思考而不讀書，則不易增進。

多聽，有疑問的先擱在一旁，別說沒把握的話，就能減少錯誤；

多看，有疑問的先擱在一旁，別做沒把握的事，就能減少後悔。

學習應不恥下問，不要覺得沒面子。

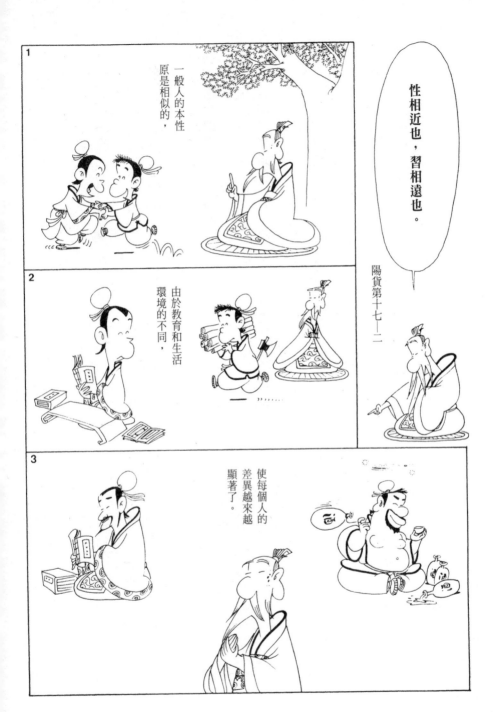

性相近也，習相遠也。
陽貨第十七—二
1
一般人的本性原是相似的，
2
由於教育和生活環境的不同，
3
使每個人的差異越來越顯著了。

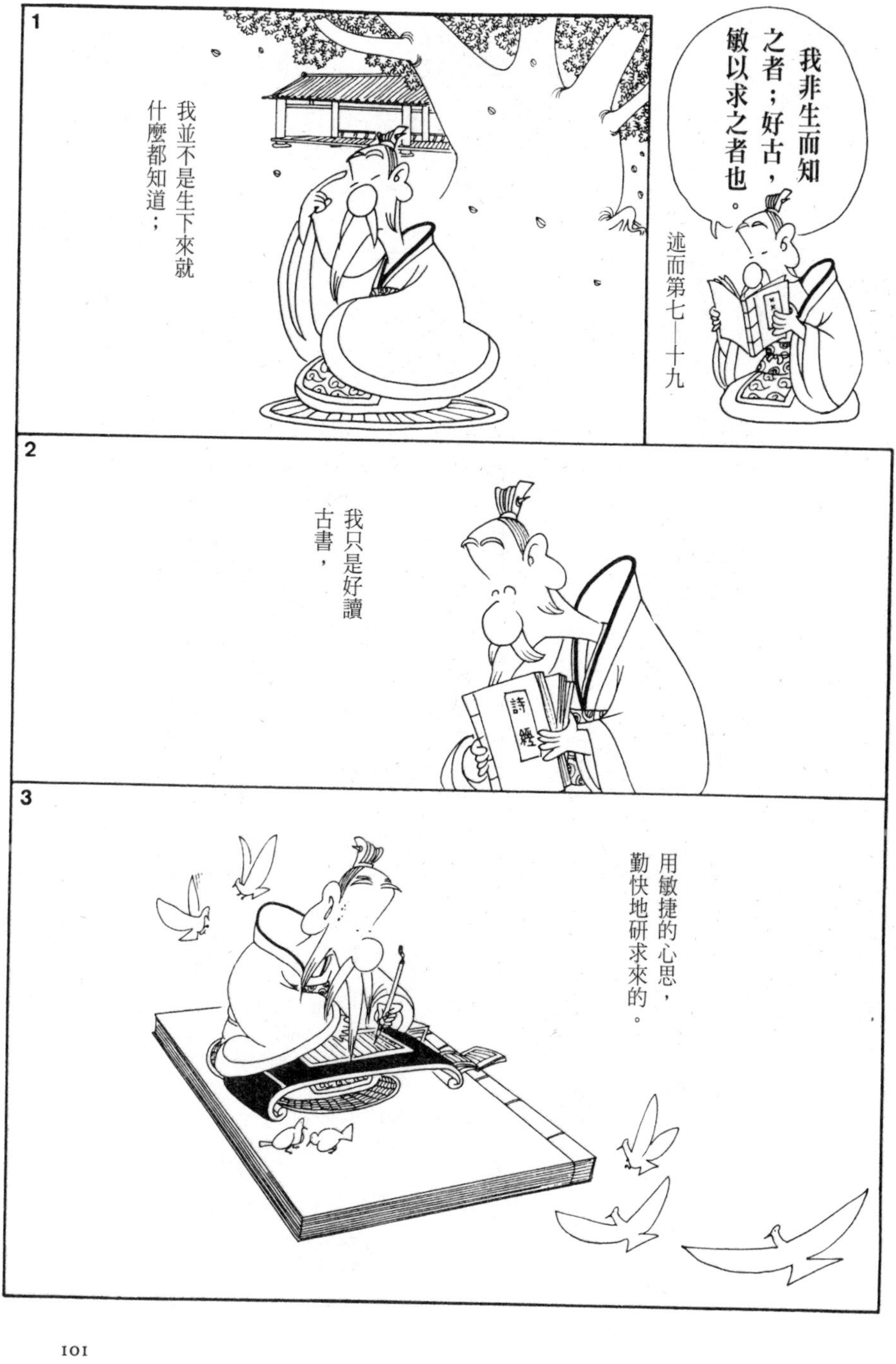
我非生而知之者；好古，敏以求之者也。
述而第七—十九
我並不是生下來就什麼都知道；
我只是好讀古書，
詩經
用敏捷的心思，勤快地研求來的。

子曰：「學而不思則罔，思而不學則殆。」

為政第二—十五

子張問孔子說：十代以後的社會，你現在能預知嗎？
十世可知
商繼承夏禮，改動多少可以知道
周繼承夏禮，改動也多少可以知道。
以後的朝代繼承周朝，即時百代也同樣可以推測出來。

敬而受教

有一天，子路頭戴雞冠帽，身穿戰袍佩豬皮寶劍，一臉兇相地跑到學堂想欺凌孔子。

面對孔子，子路赫然拔出劍來翩翩起舞。

孔子鼓掌笑道：「劍舞得不錯。」

子路問孔子說：「請問，古代君子能以劍自衛嗎？」

孔子說：「古之君子以忠誠為本，以仁德為護衛，不出門能知天下事。」

子路說：「如果遇到壞人怎麼辦？」

孔子說：「有不善者，就用忠誠來教化他；有兇暴者，就用仁德約束他，哪用得著拿劍呢？」

子路說：「子路今天聽老師這番話，請讓我到堂上接受您的教導吧。」

孔子說：「好。」

第二天，子路身穿儒服，帶著拜師禮，成為孔子的弟子。

孔子問子路說：「你有什麼愛好？」

子路說：「我喜歡長劍。」

孔子說：「我不問你這個。我是說憑你的能力，再加以努力學習，誰能比得上你呢？」

子路問：「學習一定有用嗎？」

孔子說：「仁君如無進諫之臣，則會失正道；讀書人無建言之友，就聽不到善意批評。駕馭發狂之馬，就不能放下馬鞭；已拉開的弓，不能用檠來匡正；木料以墨繩矯正就能筆直，人常接受勸諫就會成為聖人。因此，君子不能不學習啊！」

子路說：「南山有竹，不用矯正已經很直，砍來做箭桿可射穿犀牛皮。由此說來，哪用得著學習呢？」

孔子說：「做好箭身再裝上羽毛，做好箭頭再打磨鋒利，這樣不是能射得更遠嗎？」

子路拜了兩次說：「我恭敬受教。」

孔子說：「不努力就達不到目的，不行動就無收穫，不忠誠就沒有親近的人，不講信用就得不到信任，不恭敬就會失禮。你小心地記住這五點吧。」

子路說：「老師的忠告我一輩子謹記在心。」

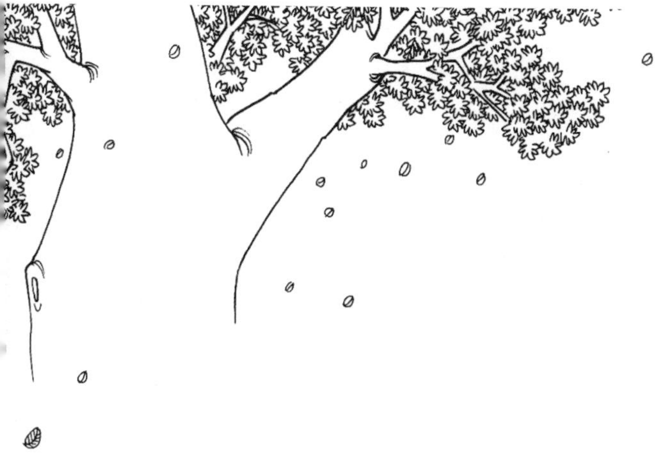

子曰：「君子不重則不威，學則不固。主忠信，無友不如己者，過則勿憚改。」

學而第一——八

1
孔子說：一個君子，如果不莊重就不能使人畏敬；
要努力讀書，不要放縱自己。
是啊是啊，嘻嘻……
2
所學到的也不能牢固地理解其道理。
3
不要結交道德學識不如自己的人。
4
如發現自己有了過失，不要怕改正！

學而時習之，不亦說乎？有朋自遠方來，不亦樂乎？人不知而不慍，不亦君子乎？
學而第一——一
學得一種知識而能夠應時實行，這不是很令人高興的嗎？
有朋友從遠方來，不是很令人快樂的嗎？
即使不見知於人，心裡也毫不怨恨，這不就是一位有修養的君子嗎？

孔子論君子

有一天，孔子與子貢、子路討論什麼是君子。

子貢問孔子說：「怎樣才算是君子？」

孔子說：「君子在說之前先做，做到了才說。君子博愛而不偏私；小人偏私而不博愛。君子心懷仁德，小人留戀故土；君子心懷法度，小人心懷貪念。君子所了解的是義，小人所了解的是利。

「君子言談應簡潔，行動要敏捷。君子對於天下事，不固執一定可以、一定不可以的成見，一切以義為依歸。」

子貢說：「的確是如此。」

孔子說：「君子之道有三種品德我沒做到：仁者不憂，智者不惑，勇者不懼。」

子貢說：「老師，您在自說自道啊！」

修己以敬
子路問：「如何才能稱之為君子？」
孔子說：「修養自己，對人恭敬謙遜。」
子路說：「這樣就夠了嗎？」
孔子說：「修養自己，使周圍的人們安樂。」
子路說：「這樣就夠了嗎？」
孔子說：「修養自己，使所有百姓都安樂。這一點連堯舜都難以做到呢。」

君子駟不及舌

1
棘子成問子貢說：「君子只要有好的品格就行了，要那些表面儀式做什麼？」
2
子貢說：「很遺憾！您竟這樣理解君子。
3
一言既出駟馬難追，
4
本質猶如文采，文采猶如本質。
5
去了毛的虎豹之皮，就如同去了毛的犬羊之皮一樣。」

何謂君子

孔子心中的君子和氣待人，不同流合污。堅守中庸之道而不偏倚。國家有道，不改變志向。國家無道，不改變操守。

子路曾問：「君子也有憂慮的時候嗎？」

孔子說：「沒有。君子沒養成品德時，他會為理想而高興；已經養成良好品德之後，又會為自己的成功而高興。因此他一生都很快樂。」

孔子又說：「君子沒有一天是憂愁的。小人則不然，在沒得到想要的之前，擔心得不到；得到之後又擔心失去。因此他終身都在憂慮，沒有一天是快樂的。」

顏回問孔子：「怎樣才算是君子？」

孔子說：「關愛別人近乎於仁，深思熟慮近乎於智，對自己關愛不多，對別人體貼愛護，這就是君子。」

顏回又問：「怎樣才不是君子？」

孔子說：「不學習就去做，不思考就想獲得。」

顏回說：「是的，老師。」

孔子說：「君子有時也會違背仁道；小人則不可能有仁道。君子只成全別人的好事，不成全壞事；小人則剛好相反。為君子做事很簡單，但使他高興則很難，以不正當的方式討他歡喜，他不高興；為小人做事則很難，但使他高興卻很簡單，以不正當的方式討他歡喜，他很高興。君子用人時量才為用。不因為別人話講得對便貿然舉用他；也不因為對方行為不好而抹殺他的話。」

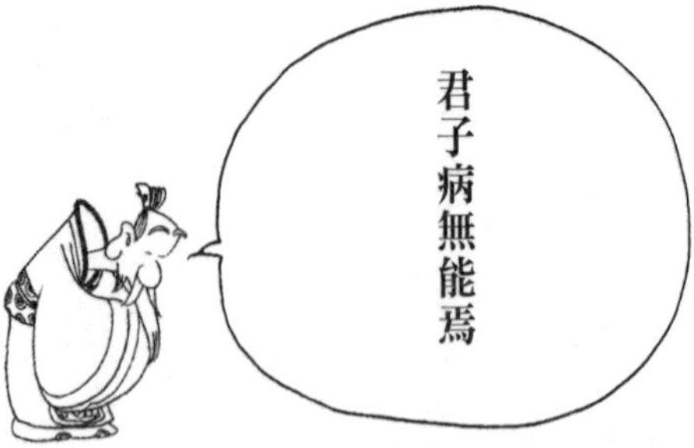
君子病無能焉

1
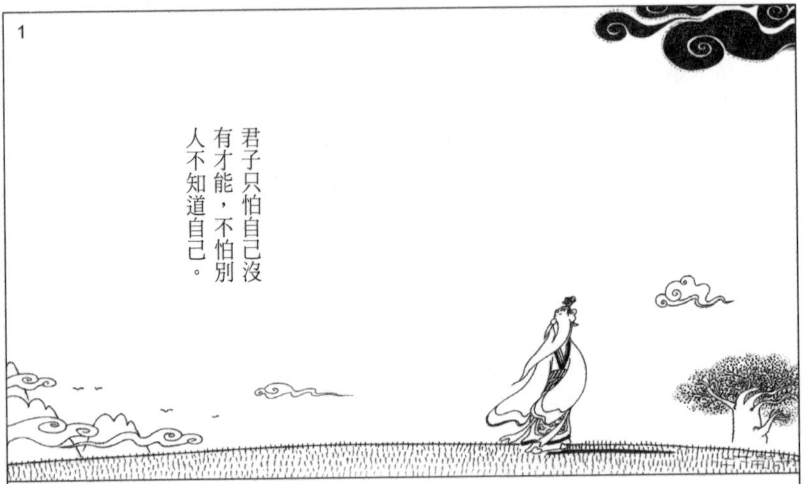
君子只怕自己沒有才能，不怕別人不知道自己。

2
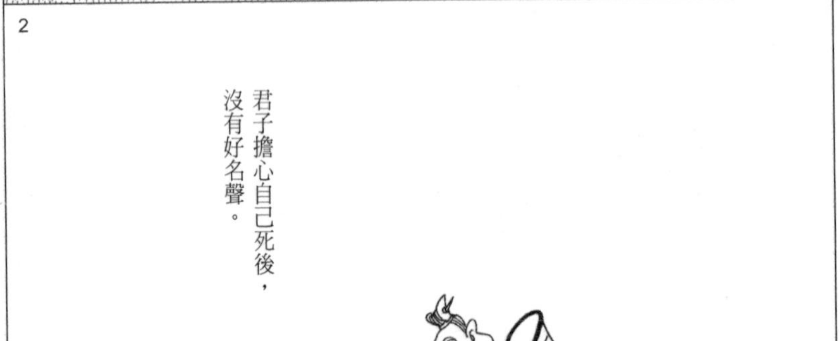
君子擔心自己死後，沒有好名聲。

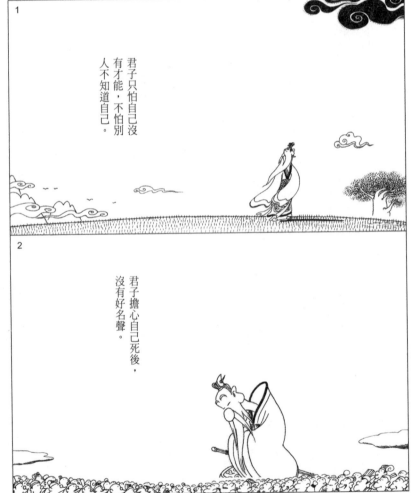

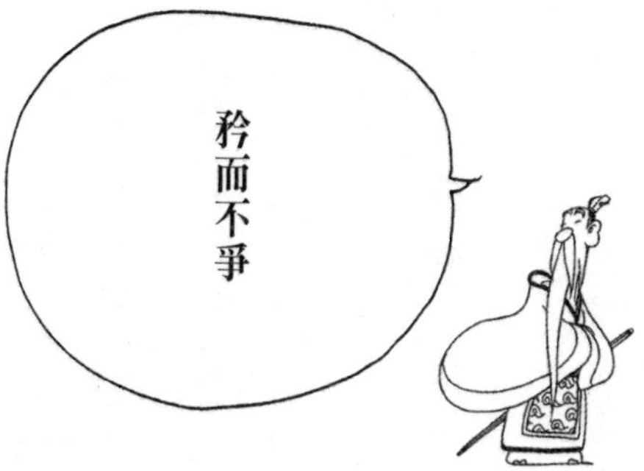
矜而不爭

1
君子舉止莊重
與世無爭；

2
合群而不結
黨營私。

君子與小人

子路問：「君子與小人的差別在哪裡？」

孔子說：「君子安舒而不傲慢，小人傲慢而不安舒。君子博學於文，以禮約束自己，便能不背離大道。小人用人時總是求全責備。小人不可承擔大使命，但可以做小事。君子不可以做小事，而可承擔大使命；君子以義為本，以禮加以推行，以謙遜來表達，以信譽來完成，這就是君子了。」

孔子認為通過學習，使自己成為一位君子，學而優則仕，然後到社會當官做事。

子貢說：「如果有一塊美玉，應該把它收藏在櫃子裡？還是給識貨的人呢？」

孔子說：「賣掉吧！賣掉吧！我正在等著識貨的人呢。」

君子求諸人，小人求諸己
君子求自己，
小人求別人。

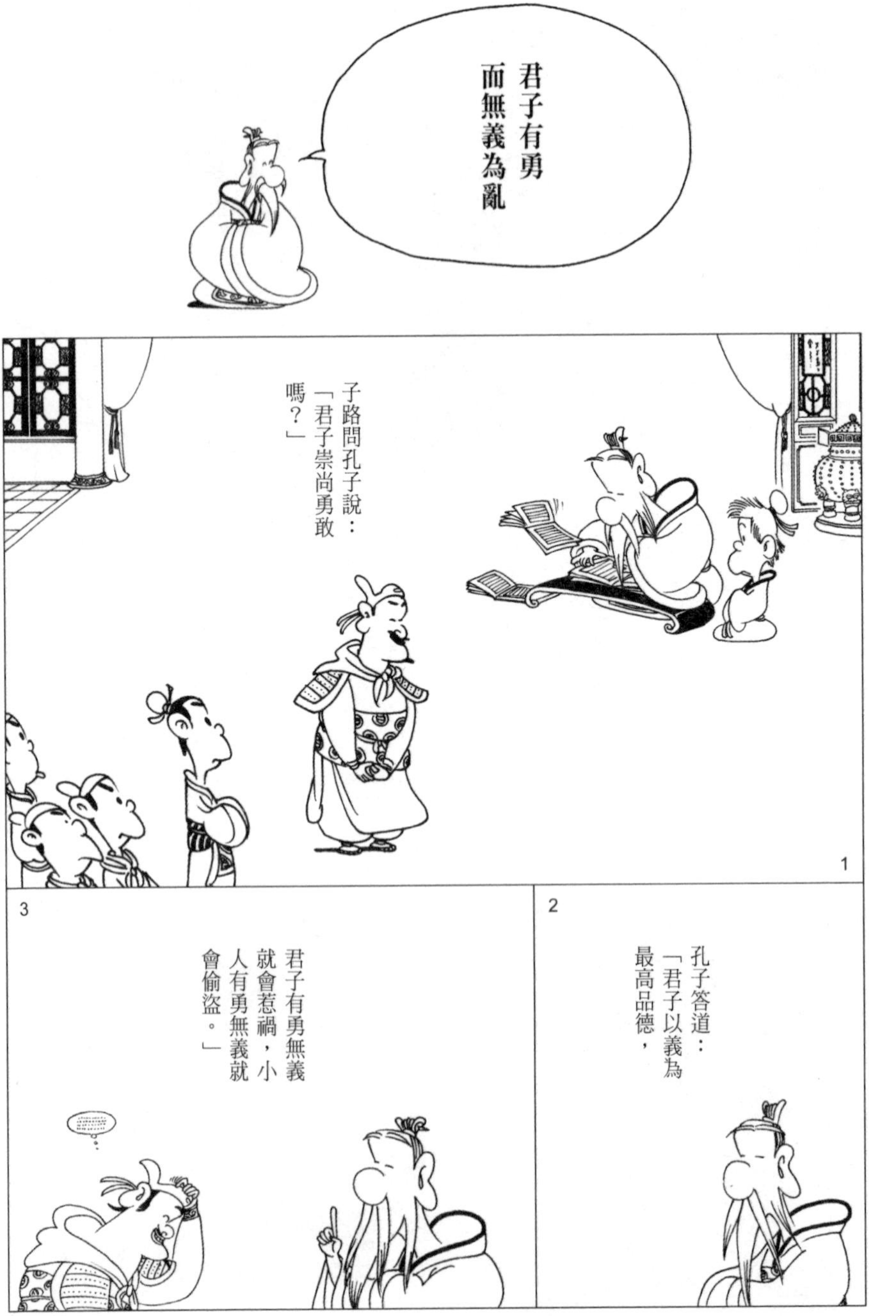
君子有勇
而無義為亂
1
子路問孔子說：
「君子崇尚勇敢
嗎？」
2
孔子答道：
「君子以義為
最高品德，
3
君子有勇無義
就會惹禍，小
人有勇無義就
會偷盜。」

君子惡稱人之惡者
子貢問：「君子也有憎惡嗎？」
孔子說：「君子也有憎惡。憎惡宣揚別人壞處的人，憎惡居下位卻毀謗上司的人，
憎惡勇敢卻沒有禮義的人，憎惡果敢卻剛愎自用的人。」
孔子問：「子貢啊！你也有憎惡嗎？」
子貢回答：「我憎惡把剽竊當作知識的人，
憎惡把傲慢當作勇敢的人，
憎惡把告密當作直率的人。」

孔子論人的五種等級

孔子將人分為五個層次：庸人、士人、君子、賢人、聖人。

有一天，魯哀公問孔子說：「我想談談魯國人才，和他們治理國家，請問該如何選才？」

孔子回答道：「人分五等，有庸人、士人、君子、賢人、聖人，如果能分清這五類人，那治世的方法就都具備了。」

庸人

魯哀公問：「什麼樣的人是庸人？」

孔子回答說：「所謂庸人，心中無謹慎行事的觀念，口中說不出有道理的話語，行事不依自己的能力，小事明白而大事糊塗，不知道自己在忙些什麼，隨波逐流，不知道自己在追求什麼，這種人就是庸人。」

士人

哀公問道：「什麼樣的人是士人？」

孔子回答說：「所謂士人，心中有原則，有明確計畫，即使不能盡到治國本分，也必有遵循法則；即使不能集各種善行於一身，也必有自己的操守。」

士人知識不一定廣博，但所知的正確。

話不一定多，但所說的有理。

路不一定走遠，但所走的是正道。

知道所知的正確、所說的有理、所走的是正道，則不拿生命形體去交易。

他不認為富貴是好處，貧賤是損失，這樣的人就是士人。

君子

哀公問：「什麼樣的人是君子？」

孔子回答說：「所謂君子，言必忠信而心無怨恨，身懷仁義而不自誇，思想通達而說話不專斷，信仰理想而自強不息。從容的樣子看似很容易超越，但無法達到他的境界。這樣的人就是君子。」

賢人

魯哀公問：「什麼樣的人是賢人？」

孔子回答說：「所謂賢人，品德不逾越常規，行為符合禮法。言論可讓天下人效法，而不會傷身，道德足以感化百姓，而不招禍。雖然富有，而天下人無怨；施恩天下，而不病貧。這樣的人就是賢人。」

聖人

魯哀公又問：「什麼樣的人是聖人？」

孔子回答說：「所謂聖人，品德合於天地之道，變通自如，能探究萬事根本，調和自然法則，遵循大道成為自己的本性。光明如日月，變化如神靈。民眾不知道他的德行，看到他也不知道他就在旁邊。這樣的人就是聖人。」

魯哀公說：「好，講得真好！」

孔子說：「好學近乎智，力行近乎仁，知恥近乎勇。知道這三點，就知道修身；知道修身，就知道如何管理別人；知道管理別人，就能夠治理國家。」

庸人是一般平凡人，士是出社會行為處事的基本標準。

身懷仁義是君子必備的條件，幾近達到仁人的境界。

賢人行為符合禮法，不逾越常規，是道德足以感化百姓的仁者。

聖人修養自己到最完美的境界，言行不用思考，從心所欲也不踰矩。

孔子要求自己和學生時時刻刻要修養自己，從一個平凡的庸人成為士人、君子、賢人、聖人。

孔子論智者與仁者

孔子很喜歡把智者與仁者相提並論，老子主張以柔克剛，孔子主張仁愛。

智者是道家修行所追求的標的，仁者才是孔子要求學生達到的目標。

人生有如兩顆橘子，一顆大而酸，一顆小而甜。

庸人拿到大的抱怨酸，拿到甜的抱怨小。

智者拿到酸的感謝大，拿到小的感謝甜。

仁者無論拿到小的、酸的他都心懷感恩，無所謂大、小、酸、甜。

有一天，子路走進學堂。

孔子說：「子路啊！什麼是智者？什麼是仁者？」

子路說：「智者能使別人了解自己，仁者能使別人愛護自己。」

孔子說：「你可以稱為士人了。」

子貢進來。孔子說：「子貢啊！什麼是智者？什麼是仁者？」

子貢說：「智者了解別人，仁者愛護別人。」

孔子說：「你可以稱為士君子了。」

顏回進來。孔子說：「顏回啊！什麼是智者？什麼是仁者？」

顏回說：「智者了解自己，仁者自尊自愛。」

孔子說：「你可以稱為賢明君子了。」

孔子教導學生修養自己，以達到仁人聖人境界。雖然標準訂得很高，但至少也要是具備孝、悌、忠、信、禮、義、廉、恥人生八德的士君子才行。

子貢問君子，孔子說：「先將要說的做出來，然後再說。」

孔子說：君子通曉道義，小人通曉私利。

君子團結群眾而不拉幫結派，小人拉幫結派而不團結群眾。

君子吃不求溫飽、住不求安逸、做事有效率、出言謹慎、積極上進，這樣就算是好學了。

君子廣泛學習，遵紀守法，就不會誤入歧途！

君子對於天下事，不刻意強求，不無故反對，一切按道義行事。

第5章

孔子因材施教

孔子教導學生因材施教，依弟子的資質與個性，而分別給予適才適性的教導。給別人意見時，也因問者情況而有所不同。

孔子說：「君子必須知道：每種學問各有難易，每位學生資質各有高低。然後他才能因材施教，能因材施教才能為人師。」

孔子不是個一板一眼的老學究，他是一位有血有肉真性情的人。

他很了解自己的每一個學生，他鼓勵學生及早學會自我學習的能

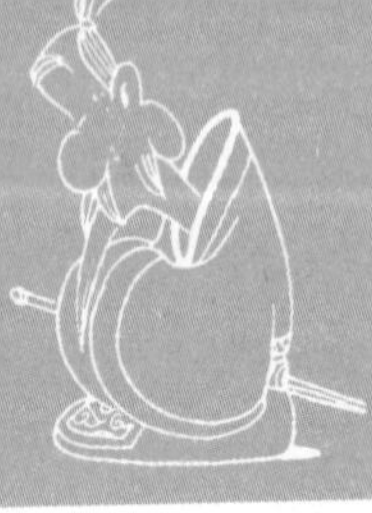

力，能夠自發性地學習，教學時常常誇獎學生。

而孔子的思想之所以能發揚光大，也正因為有這些不同長才的弟子傳播。

情況相異、答案相同

子夏服完三年喪禮，拜見孔子。

孔子說：「給他一把琴。」子夏調不好弦，悲傷得彈不成曲調。

子夏彈完曲子站起來說：「因為還沒忘掉悲哀。先王制定的禮儀，我不敢勉強超過。」

孔子說：「子夏真是君子啊！」

子張守完三年喪禮，也來拜見孔子。

孔子說：「給他一把琴。」子張調弦也能調好，奏音也能成調，侃侃自得其樂。

子張彈完曲子站起來說：「先王制定的禮儀，我不敢違背。」

孔子說：「子張真是君子啊！」

子貢說：「子夏還傷心，您說他是君子；子張已經不悲傷了，您也說他是君子。兩人狀況不同，為何您都稱他們君子？」

孔子說：「子夏沒忘記哀傷，卻以禮義斷除哀傷；子張已經不再哀傷，卻能在歡樂時以禮義約束感情。他們不都是君子嗎？」

子貢說：「老師說得極是。」

相同問題、兩種答案

又有一次，子路問孔子說：「聽到就應該做嗎？」

孔子說：「有父兄在，怎能聽到就去做呢？」

冉求問：「聽到就應該做嗎？」

孔子說：「聽到，應該立刻去做。」

公西華說：「為何老師對子路和冉求兩人的回答完全不同呢？」

孔子說：「冉求平常很退縮，所以我鼓勵他勇進；子路好勇過人，所以我要他謙退。」

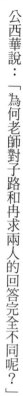

三種答案

有一次，子貢問孔子說：「從前齊君問您應如何治國，您說治國在於節省財力。」

孔子說：「是啊。」

子貢說：「魯君問您應如何治國，您說治國在於了解大臣。」

孔子說：「是啊。」

子貢說：「葉公問您應如何治國，您說治國在於使近處者高興，使遠處者來依附。」

孔子說：「沒錯，我是這樣回答。」

子貢問：「三人問題相同，而您的回答卻不同，難道治國有不同方法嗎？」

孔子說：「因為各國情況不同啊！齊君建造樓台水榭，修築園林宮殿，歌舞昇平一刻也沒停止過。有時一天賞賜三個千乘之家，所以我說治國在於節省財力。」

子貢說：「嗯，的確應該如此。」

孔子說：「魯君有三個大臣，在朝中愚弄國君，在朝外排斥諸侯，遮蔽魯君的目光，所以說為政在於了解大臣。」

子貢說：「是的。」

孔子說：「楚國國土廣闊而都城狹小，民眾不想住在都城，想離開那裡。所以我說治國在於使近處者高興，使遠處者來依附。這三個國家狀況不同，所以施政也不同。」

子貢說：「是的，老師。」

子貢感嘆地說：「老師講授的學問，用心聽便能學會；老師講授的人性和天道，不是光靠聽便能理解的。」

鼓勵學生及早立志

人沒有夢想，就像蝴蝶沒有翅膀。

孔子很小便立志向學，想有所作為，他終其一生都在追求自己的夢想。

三軍士兵雖多，仍能擄走對方主帥，但誰也無法動搖一個人的堅定意志。

一個人的志向決定他的一生，因此他常鼓勵學生及早立定志向。

有一次，孔子北遊到農山，子路、子貢、顏淵隨侍在側。孔子向四面望了望，感嘆地說：「在這裡專心思考，什麼想法都會出現啊！你們談談自己的志向，我來做講評。」

子路走上前說道：「我希望能有一個機會：白色的指揮旗像月亮，紅色的戰旗像太陽，鐘鼓之聲響徹雲霄，旌旗盤旋飛舞。我率領一隊人馬抵抗敵人，必能奪取千里之地，拔去敵人旗幟，割下敵人耳朵，這種事只有我能做到。老師，您讓子貢和顏淵跟著我吧。」

孔子說：「子路多麼勇猛啊！」

子貢也走上前說道：「我願出使齊楚交戰的原野，兩軍的營壘遙遙相對，揚起的塵土連成一片，士兵們揮刀交戰。我穿著白色衣帽，在兩國之間遊說，論述交戰的利弊關係，以解除國家災難。這種事只有我能做到。老師，您讓子路、顏淵跟著我吧。」

孔子說：「子貢多麼有口才啊！」顏回後退沒說話。

孔子說：「顏回！你過來，為何只有你沒有志向呢？」

顏回回答說：「文武之事，子路和子貢都已經說過了，我還能說什麼呢？」

孔子說：「雖然如此，還是各說自己的志向，談談你的志向吧！」

顏回說：「我聽說薰草和蕕草不能放進同一個容器，堯和桀不能共同治理一個國家，因為他們不是同類人。」

顏回說：「我希望聖王能輔助他們，向人民宣傳五教，以禮樂教導人民，使百姓不修築城牆，不逾越護城河，武器改鑄為農具，平原放牧牛馬，婦女不擔心丈夫離家，千年無戰爭之患。這樣子路便沒有機會施展勇敢，子貢便沒有機會運用口才了。」

孔子表情嚴肅地說：「多麼美好的德行啊！」

子路舉手問道：「老師認為誰的志向最好？」

孔子說：「不傷財物，不危害百姓，不花太多言辭，只有顏回的志向具備了這些理想！」

子路問：「希望聽聽老師的志願。」

孔子說：「顏回的想法就是我的志願，我希望穿著布衣，戴上帽子，去做顏回的家臣。」

孔子聽完學生們的志向後，還自我調侃說要跟隨顏回，當他的家臣呢。

顏淵、季路侍。子曰：「盍各言爾志？」子路曰：「願車馬，衣裘，與朋友共，敝之而無憾。」顏淵曰：「願無伐善，無施勞。」子路曰：「願聞子之志！」子曰：「老者安之，朋友信之，少者懷之。」

公冶長第五—二六

志

顏淵、子路陪侍孔子。
何不各說說自己的志願呢？
1

我願意把我的車、馬、衣、裘和朋友共用，就是用壞了，也不怨恨。
2
我願不誇耀自己的長處，
不表白自己的功勞。
3
我們也想聽聽老師的志願。
4
我願意讓年老的人都能得到奉養而安樂。
朋友之間互相信賴。
年少的都能得到撫愛。
5

如或知爾，則何以哉。
1
又有一天，子路、曾皙、冉求、公西赤陪坐在孔子身旁。
2
孔子說：「不要因為我比你們年長而拘束。
3
你們總是說：『沒有人了解我！』
4
如果有人了解你們，那你們將怎樣做呢？」
5
子路不假思索地答道：「擁有一千輛兵車的國家，夾在大國中間，外有強敵，內有饑荒，
6
讓我治理三年，必能使人民個個有勇氣，百姓人人講道義。」
7
孔子聽完微微一笑，然後接著問冉求：「冉求，你怎樣？」
8
冉求回答說：「方圓六七十里或五六十里的小國，讓我治理三年，便可使老百姓人人富足。

9
至於禮樂的教化，則有待君子來推行了。」
10
孔子問：「公西赤！你怎麼樣？」
11
公西赤回答說：「我不敢說能做什麼，但我願意學習祭祀和外交的事，我願穿著禮服，當個小司儀。」
12
孔子問：「曾皙，你的志向是什麼？」
13
孔子說：「說說有什麼關係？只不過各自談談志向而已。」
14
曾皙彈瑟正接近尾聲，他鏗地一聲放下琴站起來說：「我與他們三位不同。」
15
曾皙說：「暮春三月穿上春衣，約五六個好友，帶上六七個童子，
16
在沂水裡洗洗溫泉，在舞雩台上吹吹風，然後一路唱著歌走回來。」
17
孔子感嘆說：「我欣賞曾皙的情趣。」
18
其他三人走後，

曾晳問：「他們三人的話怎樣？」
孔子說：「只不過是各自談談志向罷了。」
曾晳問：「那麼老師您為何要笑子路呢？」
孔子說：「治國需要謙虛禮讓，子路的話一點也不謙虛，所以笑他。」
曾晳問：「冉求談的是治國嗎？」
孔子說：「誰說方圓幾十里的地方，就不是國家呢？」
曾晳問：「公西赤談的是治國嗎？」
孔子說：「祭祀和外交不是國家大事是什麼？
如果公西赤只能當小司儀，還有誰能當大司儀？」

孔子鼓勵學生

孔子說：「我的學生中，品德高尚的有：顏淵、閔子騫、仲弓、冉伯牛。擅長言語的有：子貢、宰我。善於政事的有：冉有、季路。精通文學的有：子游、子夏。」

孔子曾讚美閔子騫說：「閔子騫真是個孝子啊！他順事父母，友愛兄弟，人們都贊同他父母兄弟對他的讚譽。他很少說話，但一開口就切中要害。」

仲弓家世不好，父親身分卑賤。

孔子說：「即使是耕牛所生的小牛只要是毛色純赤，頭角端正，就具備了做犧牛的體德。雖然人們顧忌它的出身低，而不用來做祭牛，難道山川的神靈會捨棄它嗎？仲弓啊，他足以當一方長官。」

子貢也曾問過孔子：「老師你覺得我怎麼樣？」

孔子說：「你像個有用的器物。」

子貢問：「像什麼器物？」

孔子說：「就像宗廟裡的寶器璉瑚呀。」

孔子說：「理想無法實現了，我想乘筏浮游於海上。會跟我走的只有子路吧？」

子路聽說後，很高興。

孔子讚美子路說：「穿了破舊袍服，跟穿著狐貉皮衣的人站在一起，而不覺窮酸難為情的，恐怕只有子路吧？」

孔子的弟子中年紀最小的叔仲會和孔璿比孔子小五十歲。

每當有學生來，他們兩人幫孔子記錄，叔仲會和孔璿兩人經常在孔子左右侍候。

魯國大夫孟懿子的兒子孟武伯覺得他倆很可愛，便問孔子說：「這兩個小孩那麼小就學習，長大之後還記得住嗎？」

孔子說：「可以！一點一點積累，就變成本能，習慣便成自然。」

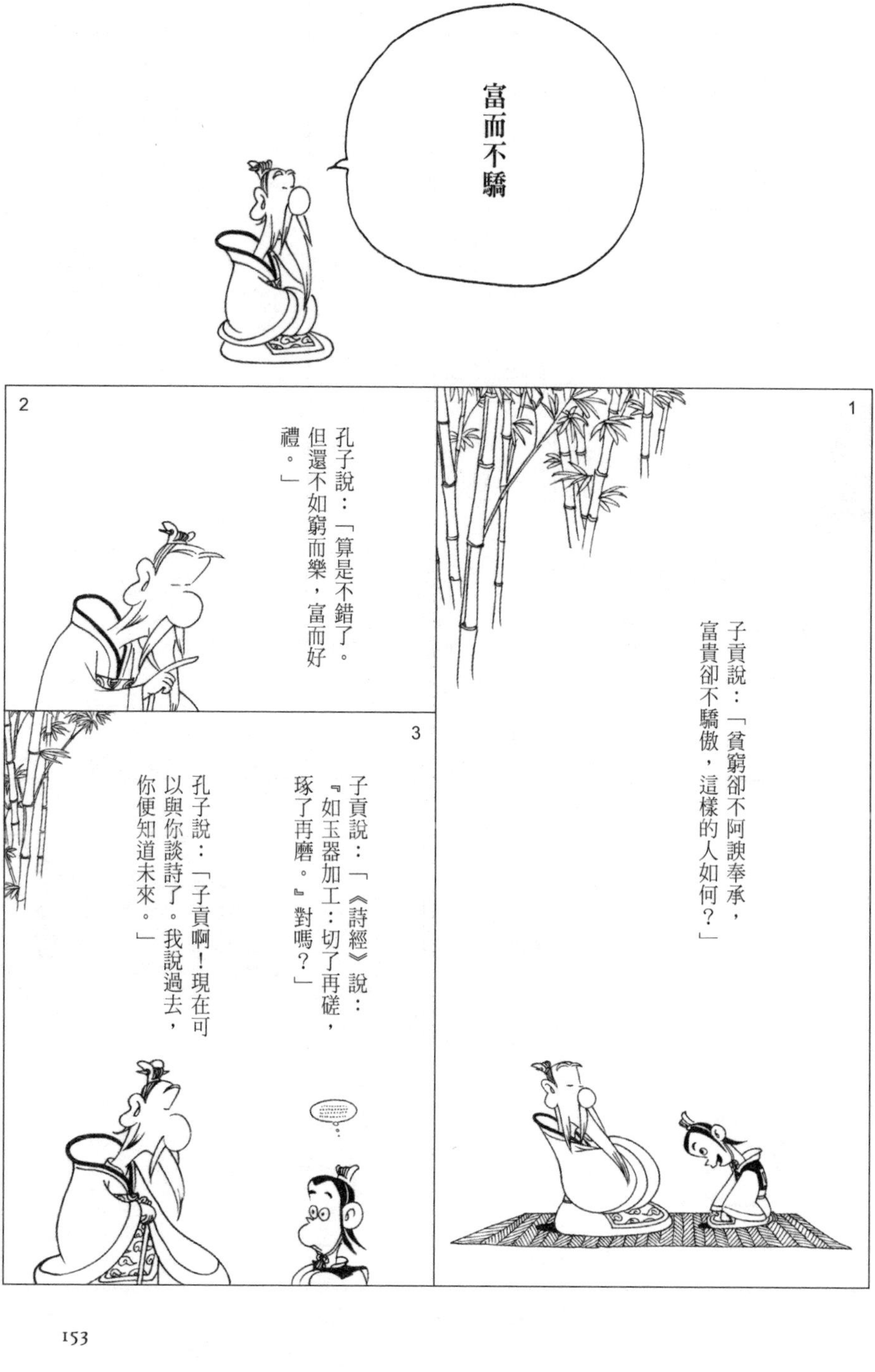
富而不驕
1
子貢說：「貧窮卻不阿諛奉承，富貴卻不驕傲，這樣的人如何？」
2
孔子說：「算是不錯了。但還不如窮而樂，富而好禮。」
3
子貢說：「《詩經》說：『如玉器加工：切了再磋，琢了再磨。』對嗎？」
孔子說：「子貢啊！現在可以與你談詩了。我說過去，你便知道未來。」

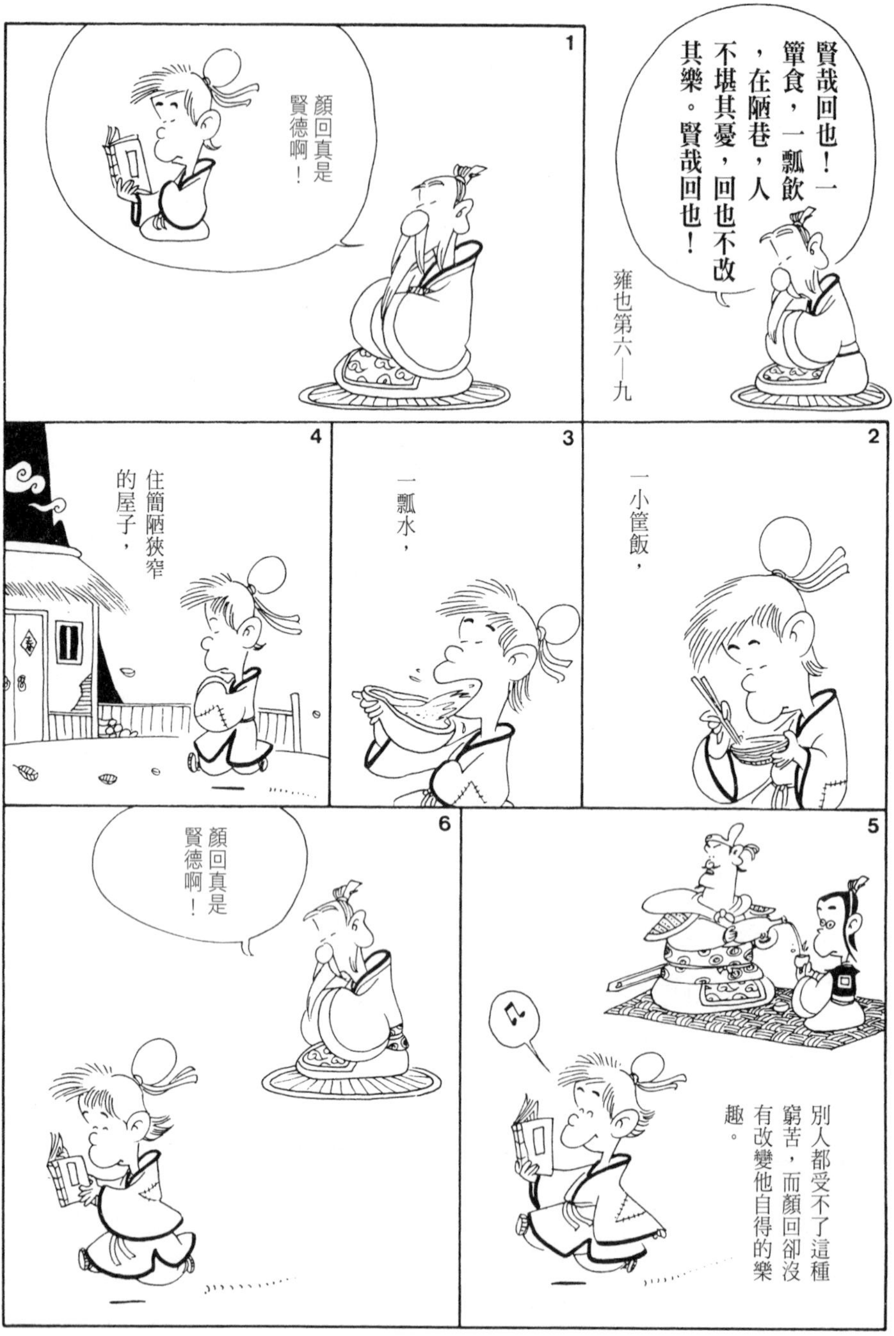
賢哉回也！一簞食，一瓢飲，在陋巷，人不堪其憂，回也不改其樂。賢哉回也！
雍也第六—九
顏回真是賢德啊！
一小筐飯，
一瓢水，
住簡陋狹窄的屋子，
別人都受不了這種窮苦，而顏回卻沒有改變他自得的樂趣。
顏回真是賢德啊！

巧笑倩兮
1
有一次，子夏問：「《詩經》說：『巧笑倩兮，美目盼兮，素以為絢兮。』詩中這三句話是指什麼？」
2
孔子說：「是說作畫時要先有素底，
3
然後再加上五彩的顏色。」
4
子夏說：「由此看來，人先要有美德，然後用禮來修飾嗎？」
5
孔子說：「你這話啟發了我，像你這樣穎悟的人，才可以與你討論《詩經》。」

孔子指責學生

孔子個性很真實，教學時常常真情流露開口罵人。他不喜歡誰，會故意令對方知道，讓他知難而退。

孔子的弟子南宮敬叔丟官之後，每次返國一定滿載珍寶去晉謁國君。

孔子罵道：「南宮敬行賄求官，丟官還不如快點貧窮的好。」

宋國司馬桓魋為自己製造石槨，整整花了三年還沒做好。

孔子說：「桓魋這麼奢侈，死後應該快點爛掉。」

孔子另一個弟子樊遲向孔子請教：「如何種莊稼？」

孔子說：「種田我不如老農。」

樊遲又請教：「如何種菜？」

孔子說：「種菜我不如菜農。」

樊遲退出去之後，孔子說：「樊遲真是小人。只要在上位者重視禮，百姓就不敢不敬畏；在上位者重視義，百姓就不敢不服從；在上位者重視信，百姓就不敢不真誠。如果能做到這樣，四方百姓就會背著子女投奔，哪裡還需要親自去種莊稼呢？」

原壤夷俟。子曰：「幼而不孫弟，長而無述焉，老而不死，是為賊！」以杖叩其脛。

憲問第十四—四六

宰予晝寢。子曰：「朽木不可雕也，糞土之牆不可圬也。於予與何誅！」子曰：「始吾於人也，聽其言而信其行；今吾於人也，聽其言而觀其行。於予與改是！」

公冶長第五—十

1
宰予在白天睡大覺。

2
腐朽的木頭不可以雕刻，骯髒的土牆不能夠粉飾。
3
對宰予這種人，還有什麼好苛責的！
4
以前我對人的看法，聽他所說的就相信他所做的也是這樣；
5
現在我對人的看法，聽他所說的還要看看他所做的是不是一樣。這是宰予改變了我的觀念。

第6章

孔子的人格魅力

很多人誤以為孔子只會教書，是個推崇堯舜之道，食古不化的老學究。其實孔子比起當今大部分的老師強太多了！

雖然他述而不作，但他持續刪《詩書》、訂《禮樂》、贊《周易》、修《春秋》，精通《詩》、《書》、《禮》、《樂》、《易》、《春秋》六藝，後人也都把他所刪訂的六藝作為最高準則。

孔子也像周朝官辦學堂一樣，要求學生精通禮、樂、射、御、書、數六種才能。

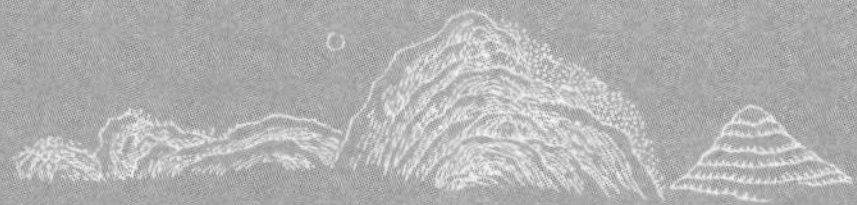

他自己也多才多藝，精通禮樂、會射箭、會騎馬、會駕車、會彈琴、創作音樂、愛唱歌、會講古代的雅言，言談也很風趣。

孔子多才多藝

孔子曾說：「我小時候，身分卑微，所以會做各種瑣碎的事情。」

孔子年輕時，曾在闕里開班授課，學堂周邊的居民說：「孔子真偉大啊！他學問淵博，無法以某一專長來稱讚他。」

孔子聽說了，笑著對學生說：「我有什麼專長呢？駕車呢？還是射箭呢？我還是駕車吧。」

孔子又說：「我自衛國返回魯國之後，便開始修正《詩》、《樂》，使《雅》、《頌》恢復原來的曲調。」

孔子有時講雅言，讀《詩經》、念《尚書》、舉行典禮時，用的都是雅言。

孔子身材高大孔武有力，因此很擅長射箭。魯國每年郊祭時，有爭搶獵物用於祭祀的風俗，孔子在魯國當官時也喜歡打獵，也隨祭祀風俗去爭搶獵物。

只是孔子漁獵有自己的道德原則：用釣竿釣魚，不用大網網魚；射鳥，但不射夜裡棲息的鳥。

孔子說：「射箭不在力道而在準確，因為人的力量不同，自古以來皆如此。」

孔子也說：「射箭很像君子的為人之道，射不中，不怪靶子不正，只怪自己箭術不行。」

子曰：「君子無所爭，必也射乎！揖讓而升，下而飲，其爭也君子。」

八佾第三—七

夫子聖者與
1
太宰問子貢說：「孔先生是聖人嗎？
2
他怎麼有這麼多的才能呢？」
3
子貢回答說：「上蒼要他成為聖人，因此才讓他多才多藝。」
4
孔子聽到這件事後說：「太宰了解我嗎？
5
因為小時候我很貧窮，所以才學會不少技藝。
6
君子有這樣多技藝嗎？我想是不可能的。」

孔子是位作曲家

孔子很喜歡音樂，也常常觸景生情創作音樂。孔子二十九歲時，曾跟師襄子學琴。

師襄子說：「雖然我因為磬擊得好而當官，但我最擅長彈琴。你的琴已經彈得不錯了，可以學些新曲了。」

孔子說：「我還沒掌握好樂曲的節奏。」

過些時候，師襄子又說：「你已熟習彈琴的節奏了，可學些新曲了。」

孔子說：「我還沒領悟琴曲的思想感情。」

過些時候，師襄子又說：「你已領悟琴曲的思想感情，可學些新曲了。」

孔子說：「我還沒體會作曲者是怎樣的人。」

又過些時候，孔子肅穆沉靜深思，有高望遠眺的神態。

孔子說：「我體會出作曲者是個什麼樣的人了，他膚色黝黑，身材高大，高瞻遠矚，有如統治四方的王者，除了周文王還會有誰呢！」

師襄子離席，恭敬地向孔子禮拜，說：「您真是聖人啊！這首曲子就是《文王操》呀！」

樂其可知

孔子與魯國的樂官太師談音樂，孔子說：「音樂有一定的規則：
開始合奏；隨著旋律揚起，
純清綿長的音調繚繞全曲，於是就成為一首曲子。」

盡善盡美

1
孔子評論《韶樂》說：「盡善，盡美。」
2
評論《武樂》說：「盡美，但不盡善。」

孔子訪萇弘

孔子三十四歲時，跟南宮敬叔一起到洛邑訪問，也曾跟大音樂家萇弘請教樂理。

萇弘見孔子後，對周朝大夫劉文公說：「孔子儀表非凡，生有異象，志存高遠，言稱先王，躬禮謙讓，洽聞強記，博物不窮，前途遠大。」

劉文公說：「如今周王室衰微，各國諸侯忙於爭鋒稱霸，孔丘出身貧賤，一介布衣怎可能成為聖人呢？」

萇弘說：「堯舜文武之道，已被世人拋棄。當今禮樂崩喪，應出現聖者正其道統！」

孔子說：「我又怎敢期望成為聖人？我只是個禮樂的信徒而已。」

孔子登泰山

孔子三十五歲時到齊國，第一次這麼近看到泰山，他感動得拿出琴，當場作一首《丘陵之歌》：

登彼丘陵，峛崺其阪。
仁道在邇，求之若遠。
遂迷不復，自嬰屯蹇。
喟然回慮，題彼泰山。
鬱確其高，梁甫回連。
枳棘充路，陟之無緣。
將伐無柯，患茲蔓延。
惟以永嘆，涕霣潺湲。

登上高岡丘陵，山坡曲折連綿。
仁道看來很近，想達到卻很遠。
不知該怎麼走，被艱困所羈絆。
喟然嘆息回首，泰山聳入雲端。
茂林泰山高聳，梁甫與之相連。
路上充滿荊棘，想登高卻無緣。
想砍伐卻無斧，又怕滋生蔓延。
只能長歌詠嘆，眼淚潺潺不停。

子與人歌

1
孔子也很喜歡唱歌，和別人一起唱歌時，
2
如果唱得好，一定要請他再唱一遍，然後自己跟著唱。

孔子周遊列國，被困陳、蔡之間，斷糧七天。孔子照常講學、誦書、彈琴、高唱自己寫的琴曲《琴操》：

習習谷風，以陰以雨。
之子于歸，遠送於野。
何彼蒼天，不得其所？
逍遙九州，無有定處。
世人闇蔽，不知賢者。
年紀逝邁，一身將老。

習習冷冽谷風，時而陰時而雨。
伊人遠嫁他鄉，送別直到郊野。
且問茫茫蒼天，斯人不得其所？
逍遙偌大九州，為何無所定處？
世人愚昧無知，不識出世賢者。
年月悄然逝去，一身隨之老朽。

升堂入室

1
有一天，孔子說：「以子路彈瑟的水準，怎麼配當我門下呢？」
2
孔子的學生們因此而不尊敬子路。
3
孔子於是說：「子路可以說是升堂了，只是還未入室而已。」

有一次，孔子經過一個幽靜的山谷，看到一株蘭花，長嘆說：「蘭花本應當生於殿堂，為王者發香。而今卻孤獨地長在山谷間，與野草相伴。」

於是孔子停車，創作了一首《猗蘭操》：

夫蘭當為王者香，今乃獨茂，與眾草為伍，
譬猶賢者不逢時，與鄙夫為伴也。

蘭花當為王者散發幽香，而今卻獨自開放，與野草為伍。
有如賢者生不逢時，與粗人相伴。

魯哀公十一年，孔子六十八歲時回魯國，隊伍緩緩前進，孔子坐在牛車上拿琴彈起來，演唱自己所作的曲子《龜山操》：

予欲望魯兮，龜山蔽之。手無斧柯，奈龜山何？

我想再望一眼魯國，龜山重重疊疊阻隔。手裡沒有斧柄，又能把龜山怎麼樣呢？

孔子周遊列國，回到魯國之後說：「我從衛國返回到魯國以後，才把音樂整理好，《雅樂》《頌樂》都妥當安排，各得其所。」

孔子對音樂水平的要求也很高，三百零五篇詩，他都能演唱，合乎《韶》、《武》、《雅》、《頌》的曲調。先王的禮樂從此才得以稱述。

孔子喜歡音樂的故事最著名的，當然要數他在齊國聽《韶樂》，從此之後有三個月孔子嘗不出肉的香味。

師摯之始
關雎之亂

1
孔子說：「哇！
《韶樂》好美好美
喔！從太師摯演奏
的序曲開始，

2
到最後《關雎》結
尾，優美的音樂繚
繞在我耳邊。」

三月不知肉味
他在齊國聽《韶樂》，
三月不知肉味
1
孔子感嘆地說：
「想不到好聽的音樂
會這樣迷人啊！」
2

孔子樂觀充滿自信

二〇一〇年，周潤發所主演的電影《孔子：決戰春秋》，描述孔子周遊列國十四年的顛沛流離生活，導演把孔子描述得太悲情了。

孔子雖然處處不得志，四度面臨被困斷糧危機，但他還是樂天知命，自在地對弟子講經說法、彈琴高歌。

當他面臨生命危險之時，孔子依舊面不改色，充滿自信。

桓魋伐木

在宋國邊境，面臨宋司馬桓魋斬樹危機時……

孔子說：「上天既賦予我道德使命，桓魋又能把我怎麼樣？」

子畏於匡

被匡人包圍時，孔子自信的說：「周文王已經死了，文化不就在我這兒嗎？如果天意要毀掉文化，我死了，後人便不能了解文化了。如果天意不想毀掉文化，匡人又能把我怎麼樣呢？」

孔子有雅量風度絕佳

孔子周遊列國一路不得志，遭受隱者長沮、桀溺和楚國狂人接輿、衛國扛草筐者、魯國隱士微生畝等人嘲諷時，孔子有雅量接受別人批評，他風度絕佳沒出言反駁，而是自我解嘲一笑置之。

自比流浪狗

孔子不把自己當成神聖不可侵犯，他並不是一個不苟言笑的學究，面對困境時，他常自我調侃：

孔子在鄭國都城與弟子們失散了，獨自在東門等候弟子來尋找。

有人告訴子貢說：「東門那裡站著一個人，額頭像唐堯，脖子像皋陶，肩膀像子產，腰以下比禹短了三寸，一副疲憊的樣子，有如一隻喪家之犬。」

子貢終於找到孔子：「老師！」

孔子笑著說：「說我的形貌像誰像誰，實在不敢當。但說我像喪家之狗，真是對極了！真是對極了。」

微子去之，箕子為之奴，比干諫而死。子曰：「殷有三仁焉！」

微子第十八—一

1
商紂暴虐無道，他的哥哥微子便離開他；

2
他的叔叔箕子因直言勸諫而被囚禁起來，做了奴隸；
3
另一個叔叔比干更因苦諫不聽，慘遭剖腹而死。
4
所以孔子非常讚嘆地說：
商朝末年有三位偉大的仁人啊！

賢者避世
孔子嘆息道：「賢人隱居逃避動盪的社會。
其次，逃到另一個地方去。
再次，避開鄙視的目光。
最次，逃避惡毒的人言。」
孔子又說：「這樣做的已經有七個人了。」

自比烏龜

季氏把持國政，孔子還替他們工作。

因此，魯國有人質疑孔子說：「我不了解，季氏專權，為何你還要跟季康子相處？」

孔子說：「龍在清水中覓食，在清水中暢游，龜在清水中覓食，在濁水中遊玩，魚在濁水中覓食，在清水中遊玩。我雖然不是龍，也不是魚，三者之間我總能趕上烏龜吧！」

微生畝謂孔子

孔子周遊列國處處碰壁。

魯國隱士微生畝對孔子說：「孔丘，你為何四處奔波到處遊說呢？是為了展現花言巧語的口才嗎？」

孔子說：「我不是敢於花言巧語，我是痛恨社會的醜陋亂象。」

微生畝走了以後，孔子嘆道：「我找不到奉行中庸之道的人交往，只能與狂狷者相交往了。狂者敢作敢為，狷者有所不為。」

子擊磬於衛

有一天，孔子在學堂的院子擊磬：「硜！硜！硜！」

有一位背扛草筐的人從門前經過，扛草筐者說：「這個擊磬的人，有心思啊！」

接著又說：「真可悲呀！硜硜的磬聲，天下無人了解自己，只有自己了解自己。人生有如涉水過河，水深就穿衣渡河，水淺則撩起衣服涉水過去。」

弟子們聽了很生氣，正想追出去罵他。

孔子說：「他說得真對啊，你們別去責問他了。」

子曰：「莫我知也夫！」子貢曰：「何為其莫知子也？」子曰：「不怨天，不尤人，下學而上達。知我者，其天乎！」

憲問第十四—三七

1
沒有人能夠瞭解我吧！
為什麼沒有人能夠瞭解老師呢？

2
我既不怨恨天，也不責怪人，只是從人事上去學習，
3
從淺近處下工夫，漸漸能向上領悟天理。
4
瞭解我的恐怕只有天吧！

跋

文化思想是民族的根本

我十五歲時，正式成為職業漫畫家，至今大約出版三百本漫畫，其中最受歡迎的就是「中國經典系列」諸子百家思想漫畫了。直到目前，全球共有四十五個國家，地區版本，共銷售了四千萬本，堪稱文化創意產業的成功典範。我自己知道受歡迎的原因不是我很有名，而是孔子、老子、孫子、孟子、莊子等至聖先賢們的思想，經由漫畫以淺顯易懂的方式呈現古聖先賢的智慧，才是受歡迎的主因。

我們有幸生活於二十一世紀數位革命時代的今天，通過電腦、網路，我們可以上網聊天打發時間；也可以借助數位科技，大量吸收古今中外知識，使自己躍升為各個領域能力超強的精英。

全球單一市場的今天，只有兩種無往不利的產品：一種是帶動風潮流行引領風騷走在時代尖端。例如最新科技智慧手機、平板電腦或巴黎時裝；另一種是全球獨一無二的祕笈，而東方特有的文化思想正是有別於全球單一化的獨門祕笈。

身為中國人，傳承著龍的血脈，當然有義務了解自己的文化思想，這也是過去十幾年來央視「百家講壇」廣受歡迎的主因。

文化思想是一個民族的根，儒家、道家更是中國思想的根本。孔子、老子、孫子等先賢的言論成為兩千年來人們生活行為的指導原則和恒久不變的普世價值。

如何在全球一片物欲狂潮下，不迷失自己？

我認為應該珍視老祖宗留下來的智慧，堅定自己的心志，站穩腳步走向未來，成為立足於世界的厲害角色。

蔡志忠作品
論語解密

作者：蔡志忠
責任編輯：鍾宜君
美術編輯：林曉涵
校對：呂佳真
法律顧問：董安丹律師、顧慕堯律師
出版者：大塊文化出版股份有限公司
台北市105南京東路四段25號11樓
www.locuspublishing.com

讀者服務專線：0800-006689
TEL：（02）87123898　FAX：（02）87123897
郵撥帳號：18955675　　戶名：大塊文化出版股份有限公司

總經銷：大和書報圖書股份有限公司
地址：新北市新莊區五工五路2號
TEL：（02）89902588（代表號）　　FAX：（02）22901658
製版：瑞豐實業股份有限公司

初版一刷：2016年1月
初版二刷：2018年7月
定價：新台幣250元
Printed in Taiwan
ISBN：978-986-213-676-8

國家圖書館出版品預行編目(CIP)資料

論語解密 / 蔡志忠作. -- 初版. -- 臺北市：
大塊文化, 2016.01
面；　公分. -- (蔡志忠作品)
ISBN 978-986-213-676-8(平裝)

1.論語 2.研究考訂

121.227　　104026920